子どもの
スポーツパフォーマンス
を高める

Functional Training

トレーニングの基本

**ケガ防止・運動能力の劇的
向上を図るファンクショナル
トレーニングの精髄**

スポーツトレーナー
比嘉 進

現代書林

はじめに

当たり負けしていた高校ラグビー部が半年で優勝チームに

私はスポーツトレーナーとして沖縄で活動している比嘉進といいます。

本書は小・中・高校生を指導するスポーツ指導者に向けて書かれていますが、お伝えしたい要点を理解してもらうために、まずは次のような実例から紹介させてください。

沖縄県の読谷（よみたん）高校ラグビー部は、県内のほかの高校と比べて選手の体が小さく、試合でも当たり負けしやすいチームでした。

最大の課題は体格の向上ですが、ただ大きくなればいいというわけではなく、それと並行して当たり負けしないだけの身体能力を育てなければなりません。

ただ、監督・コーチはそうした体づくりの指導ができなかったので、私がトレーナーとして加わることになりました。

しばらくして世の中で新型コロナウイルスの感染拡大が始まり、ネット会議システムを利用したリモート指導が主になった時期もありましたが、それでも半年ほどで選手たちの体はひと回り大きくなり、試合でも当たり負けしないようになってきました。

そして、2021年1月の沖縄県高校新人大会では、ついに県内のラグビー名門校・名護高校を降し、14年ぶり2度目の優勝を飾ることになったのです。攻守ともに名護を圧倒し続け、「48－0」という文句なしの勝利でした。

「体のホントの使い方」でスポーツはもっと強くなる

私がトレーナーとして加わる以前から、ラグビー部の選手たちは自分たちなりの体づくりをしていたようです。彼らは彼らなりに努力していたのです。しかし、それは〝やみくも〟としか言いようのない努力であり、パフォーマンス向上にはつながりませんでした。

幸いにも彼らは自分たちの問題をよく分かっており、それを克服しようというガッツもありました。そうなると、あと必要なのはパフォーマンス向上に直結する機能的な体の動きについての知識、そして、そのためのトレーニングを実践することです。

実は、私たちが日常的に行っている、押す、引く、しゃがむ、歩く、体をねじる……といった動きの多くは機能的には行われていません。

そして、そうした基本的な動きが機能的でない場合、それらの複合としてのスポーツの動きもまた十分なパフォーマンスを発揮できないのです。

機能的な動きについては第3章で詳しく説明していますが、まずはとりあえず「体のホントの使い方」と理解してください。ホントの使い方を身に付ければ体はもっといい動きをするし、スポーツのパフォーマンスも確実に向上します。

選手たちのパフォーマンスがみるみる向上した

読谷高校ラグビー部のトレーナーとして私が指導するようになってから、機能的に体を動かすトレーニングにより、選手たちのパフォーマンスはみるみる向上していきました。

また、私はラグビー未経験者ですが、「体のホントの使い方」にもとづいて競技中のフォームについてアドバイスしたところ、試合でこれまでにないナイスプレーが見られるようになったのです。

私がこうした「体のホントの使い方」とそれを身に付ける方法を見いだせたのは、自分自身で試行錯誤しながらトレーニングを続け、パワーリフティング大会優勝、ボディビル大会入賞といった成果をあげるところまで体を鍛え上げたことがまずひとつ。

また、トレーナーとして最先端の理論・技術を学び、多くの方に指導してきたこと、さらに、トレーニングジムの経営経験がその背景にあるのでしょう。

「8つの基本的動き」を年齢に合った取り組みで正しく行う

本書で紹介するトレーニングは特別目新しいものではありません。

しかし、スポーツで必要とする動きを機能的に変えていくための姿勢や意識のあり方をとことん突き詰めて生まれたものであり、厳選した「8つの基本的動き」をトレーニングすればパフォーマンスは確実に向上します。

さらに、本書ではそれを年齢に合わせてトレーニングする方法についても説明しています。高校生くらいになると、ほとんど大人と同じやり方でトレーニングできますが、小・中学生の場合、そうはいかないからです。

子どもにはその未発達な体に応じたトレーニング方法が必要であり、それが分かっていない指導者が無理な方法を推し進めてしまうと、運動能力が向上していかなかったりケガを招いたりしてしまいます。

その逆に、「8つの基本的動き」を年齢に合わせて正しく行うと、パフォーマンス向上だけでなくケガの防止にもつながります。

そこで、体が形成されていく小・中学生の頃にそうしたトレーニングを行うことを、スポーツに取り組んでいる子どもだけでなく、すべての子どもに強く推奨します。「8つの基本的動き」による体の動きの改善は、日常生活を元気で快適に過ごすことに役立つはずです。

小・中・高校生のスポーツ指導者にぜひ活用してほしい

子どもの体に合わせたトレーニングやその背景にある考え方を解説した本書をぜひ、小・中・高校生のスポーツ指導者に読んでいただき、それぞれの練習環境に合わせて活用してもらえればと思います。もちろん、大人のトレーニングにもそのまま応用できるので、スポーツのパフォーマンス向上やケガの防止、腰痛や肩こり等の予防などにも有益に使っていただければ幸いです。

2021年10月

株式会社シーサーフィット代表　比嘉 進

目次

第1章
スポーツ指導者も知らない「体のホントの使い方」

第2章

スポーツ指導者が知るべき「子どもの体のホントのところ」

第3章

体のホントの使い方を体得する「ファンクショナルトレーニング」

第4章

「8つの基本的動き」で体が劇的に変わる

第5章

子どものスポーツ指導者が知っておきたい「10のホント」

第1章

スポーツ指導者も知らない「体のホントの使い方」

読谷高校ラグビー部が抱えていた問題

この第1章では、「体のホントの使い方」についてスポーツ指導者の多くがそれを知らず、そのせいで効果的なパフォーマンス向上が実現できていないことについて説明します。

まず、「はじめに」で紹介した読谷高校ラグビー部のケースを例にとり、私がトレーナーとして加わる前、部員たちが体づくりのためにどんなトレーニングをしていたか、彼ら自身の言葉で語ってもらいましょう。

書いてもらった原稿をこちらで清書する際、読みやすいように手を加えた箇所もありますが、基本的には彼らの生(なま)の言葉です。最初はキャプテンを務めたY・Yくんの証言。

中学時代は、県内の公式戦で負け知らずのチームで活躍したそうですが、高校に上がってからの1年目はまるでいいところがなく、中学時代から一緒にラグビーを続けてきた仲間も大きなケガをしてしまったそうです。

「プレーの技術はあるのになぜ勝てないんだろう? チームメイトみんなで考え、すぐに出てきた答えは圧倒的なフィジカルの差です。

僕の入学時の体重は58キロ、ベンチプレスの自己ベストは70キロ。このままでは勝てないと考えた僕はチームメイトとウェイトトレーニングを頑張ることにします。また、『高校卒業までにベンチプレス100キロ』を個人的な目標として一所懸命に頑張っていました。最初の1年間は知識がまったくなく、YouTubeでフィジーク選手たちの動画を参考に見よう見まねでトレーニング。しかし、体重はなかなか増えず、ベンチプレスも伸び悩んでいました」


ここでいうフィジカルとは体の大きさやパワーのこと。一方、フィジークとはボディビルに似た競技のことですが、いずれにせよ体の動きを高めていくものではなく、スポーツにおけるパフォーマンス向上には直結しません。彼が目的に挙げたベンチプレスにしても、ラグビーで重要となる強い下半身にはつながらないトレーニングです。

Y・Yくんが自身で述べているように、彼らはラグビーについての知識はあってもトレーニングに関する知識はほとんど持っていなかったのです。

フィジカルが育たなかった手探りのトレーニング

ゲームキャプテンを務めたY・Oくんの言葉も紹介しましょう。

「（1年生の頃）まだ筋トレに関して知識のない私たちはベンチプレスやアームカールなど、あまりラグビーとは関係のない筋トレをしていました。しかし、それでは体は大きくならず、ラグビーに必要な筋力もまったく足りていなかったので、（2年生の頃）ラグビー部に比嘉トレーナーが来ることになりました」

彼は私の指導が始まってからの変化について、こうつづっています。

「まず、チーム全体の筋トレに対するモチベーションがかなり変わりました。これまでは、『きついからもう終わり』などと自分に甘えていた私たちが比嘉トレーナーの影響で、『あと5回！　あと1セット！』というように自分に限界を作らず、今できる数からさらにもうひと踏ん張りするなど筋トレに対する気持ちがとても強くなりました」

そうしたトレーニングと並行して、「食トレ」つまり体を大きくするための食事をチームで心がけたところ、フォワードが当たり負けしなくなり、スピードのあるバックスがのびのびとプレーできるようになったとY・Oくんは評価しています。

機能的な動きが身に付くと体も大きくなってきた

食トレについては部員S・Sくんが詳しく書いています。

「きちんと食べ、きちんとトレーニングに取り組む……というサイクルを繰り返していくことで体が大きくなっていき、ラグビーにおけるフィジカルが強くなりました」

「この1年間で約13キロ体重が増え筋力が大幅に付きました。比嘉トレーナーのおかげでトレーニングの種類がとても多くなり、飽きずに取り組むことができています。比嘉トレーナーの指導はキツいだけではなく、しっかり追い込むところや意識すべきところを教えてくれるので体に大きな変化がありました」

それまでも体重アップのための食トレを行ってきたそうですが、私の指導では体重のことはいったん頭のスミに置いてもらい、ラグビーの試合で必要な動きがより機能的になるトレーニングを重視しました。それと並行して食トレを行っていったことで体重も増え、ラグビーの試合に勝てるフィジカルができていったのです。

筋肉量・体重アップとキレのある動きは両立できる

個人的な体の変化についてはY・Oくんも報告しています。彼はラグビー部とは別に私の個人指導を10回ほど受けていました。

「比嘉トレーナーが見つけた私の弱いところを、重点的にトレーニングしたことで体は大きく変わりました。具体的には、下半身に重点を置いて瞬発系のトレーニングを取り入れたことで、筋肉量が増えてもスピードはまったく落ちることがなく、さらにキレのあるランができるようになりました」

彼は大学でもラグビーを続けていて、一年生の時からレギュラーで活躍しています。学んだことを生かして小さな体でも当たり負けせず、キレのあるランで突破できる選手になって私に恩返ししたいと言ってくれています。

フィジカルが強化され試合に勝てるように

ここで再びY・Yくんに登場してもらい、私が指導を始めてからの変化をキャプテンとしての立場から語ってもらいましょう。

「高校2年のとき、比嘉トレーナーがチームに来てくれて今までのトレーニングが大きく変わりました。最初の約3ヵ月は基本の姿勢を身に付けるための自重トレーニングやチューブトレーニングを行い、基本の姿勢が身に付いてくると待ちに待ったウェイトトレーニングに移りました。

僕たちが今までしていたトレーニングがトレーニングじゃないいんじゃないかと思うぐらい最初の頃はきつかった。

最初、『自重トレーニングを3ヵ月やる』と聞いたときは、ウェイトを使わないでいいのか心配でしたが、僕たちが見よう見まねで行っていたウェイトトレーニングよりも比嘉トレーナーの自重トレーニングはきつかったのです」

後ほど説明しますが、自重トレーニングとはダンベルなどのウェイトを用いず、自身の体の重さだけを負荷としたトレーニングのことを言います。

これには、大人や高校生はもちろん小・中学生でも安全に行えるという利点がある一方、Y・Yくんが書いているように、やりかた次第ではウェイトトレーニング以上に筋肉を追い込めるので高い効果が期待できます。

「体づくりはきつかったですが、トレーニングや食事に関する新しい知識を得ることができてとても楽しくやれました。そして、チーム全員の体は大きくなりフィジカルも強くなっていきました。今までコンタクトの部分で勝てなかったチームに対してフィジカルで圧倒する試合ができたときは本当に嬉しかったし、ラグビーがもっと楽しくなっていました。

選手のケガも初期の頃と比べてとても少なくなり、フィジカルが弱点だったチームがその逆にフィジカルに自信を持ってプレーできるたくましいチームに成長できました」

ラグビーで必要な動きの強化に直結するトレーニングを取り入れただけで、これほどの成果があったということです。体のホントの使い方を体得することができれば、どんなスポーツであれパフォーマンスは確実に向上します。

トレーニング開始半年で体が大きくなり始めた

では、読谷高校ラグビー部は具体的に試合でどう変わったのか？

私がトレーナーとして入ったのは2019年6月頃でしたが、試合につながる成果が出るまでにはある程度の期間が必要でした。私のやりかたを最初から全面的に取り入れたわけではないということも理由のひとつです。

まず、同年6月に開催された全九州高校大会の沖縄予選ではそれまでの経験を生かして準優勝となり、九州各県の準優勝チーム同士のトーナメントへ歩を進めました。しかし、この段階ではまだフィジカルの弱さは否めず、1回戦は勝てたものの2回戦で鹿児島工業高校に「7－43」の大差負けを喫します。

次いで、同年の第99回全国高校ラグビー大会の沖縄予選では1回戦に勝利したものの、2回戦準決勝では「14－22」でコザ高校に負け敗退。残念ながら花園ラグビー場へのきっぷは得られませんでした。

しかし、この時点で読谷高校ラグビー部は1年生と2年生だけで構成されていたので、ここまでのトレーニングによる蓄積は翌年に持ち越せます。試合こそ負けましたが、この頃には部員たちの体つきが目に見えて大きくなってきており、トレーニングの確かな成果を感じられていたのです。

2020年に入ってからは新型コロナウイルス感染症の拡大防止のために学校が閉鎖、部活も禁止されるという予想外の事態となりましたが、ネット会議システムを利用して監督やコーチ、生徒たちと連絡を取り合いながら基本の自重トレーニングを中心にリモート指導に移行。

コロナ禍で世の中が揺れる困難な時期でしたが、部員たちのモチベーションは高く維持されており、トレーニングにも熱心に取り組んでもらえました。

また、顔を突き合わせての練習ができない一方で、監督やコーチとじっくり意思疎通する時間を持てたことは、その後の練習再開時にプラスの方向へ働いたと思います。

試合内容が向上していき、ついに完封勝利も

2020年、高校ラグビーの試合の多くは中止となりましたが、第100回全国高校ラグビー大会はなんとか開催。沖縄予選準決勝で当たった美里工業高校は県内で最もフォワード陣の体が大きいチームでフィジカル勝負が予想されましたが、前半は拮抗した戦況が続いたものの後半には相手の足が止まり始め、もともと能力の高い読谷高校のバックスが活躍して「24－12」で勝利します。

決勝戦は前回・前々回の沖縄予選優勝校の名護高校と当たり、ここでもフォワードのフィジカル勝負に。体重差が平均で10キロ近く上回るような相手でしたが、当たり負けすることなく相手選手の体が浮き上がるほど押し込んでいきました。

フィジカル勝負で相手フォワードの体力を奪っていくなか、試合終了まで残り4分時点

メキメキと力をつけてきた読谷高校ラグビー部

で読谷バックスによる70メートルを独走するトライでついに逆転。しかし、残り3分プラス、ロスタイムというわずかな時間に、相手チームの猛攻による同点トライとその後のゴールキックで再逆転され「19－21」の僅差で負けてしまいます。

沖縄予選を勝ち抜けなかったので、あとは九州ブロックにおける各県の2位校同士が戦う九州大会で優勝しなければ花園ラグビー場へのきっぷは手にできません。

その1回戦で当たったのは2019年の全九州高校大会で戦った鹿児島工業。前回は「7－43」の大差で負かされてしまいましたが、今回は「26－33」と僅差での負けとなりました。

負けたことには違いありませんが試合内容は前回とまったく違っており、フォワードが終始相手チームを

沖縄県高校新人大会で優勝した読谷高校ラグビー部

圧倒していたそうです。

先方の監督からは、「去年と比べてここまでフォワードが強くなったのはなぜですか」と聞かれたようで、今後に期待が持てる結果となりました。

そして、年が明けて2021年1月の沖縄県高校新人大会の決勝では名護高校に「48－0」で完勝。14年ぶり2度目の優勝を飾ります。

この試合で読谷高校は前半3分に電光石火の先制点を獲得。その後も強化されたフォワードのおかげでバックスの多彩な攻めが可能となり、攻防一体の試合運びで次々と得点していきます。前半終了間際に自陣ゴールライン手前まで詰め寄られる場面もありましたが、これも防ぎきって相手チームの得点を許さないままの完封勝利となりました。

止まらぬ躍進、試合内容も高く評価された

新人大会を制した読谷高校は沖縄代表として2021年2月の第43回全九州高等学校新人大会へ駒を進めます。そこでは1回戦で花園常連校の長崎南山高校に「20－19」で勝利したものの、2回戦では宮崎の高鍋高校と当たり、惜しくも「19－36」で敗退。

しかし、試合内容が高く評価され実行委員会推薦枠の1校として、同年3月開催の第22回全国高等学校選抜大会に選出されます。西日本では2枠しかないうちの1枠を獲得しての出場です。

同大会では残念ながら1回戦で茨城の茗溪学園に「0－64」の大差で負けてしまいましたが、続く敗者戦では宮城の佐沼高校に「29－7」で勝利。このときは体重差が20キロ以上もあるような相手とのスクラムでも押し負けすることのない見事な勝利となりました。

その後、同年4月には7人制ラグビーの沖縄県高校大会で名護高校に「22－7」で勝利。県代表として全国大会へ駒を進める展開となっています。

女子ラグビーでも大きな成果

実は、読谷高校ラグビー部には女子部員もいます。試合は男子と別ですが練習は一緒に行っており、彼女たちも同じトレーニングに励んでいます。

女子部員H・Uさんの感想を紹介しましょう。

「以前は判断も反応も遅かったのが、考えたことに体がついていくようになり、プレー中も考えてから動くまでが早くなった気がします。女子の場合は試合の機会が少ないので、練習で変化を実感できるのはモチベーション向上にもつながり、とても助かっています」

「ほかに変化したことで言うと、花園予選（第１００回全国高校ラグビー大会沖縄予選）の決勝まで進んだ男子の体格が大きくなり、個々の力が付いているのを一緒に練習をしていて感じました。取り組む側が頑張ったこともありますが、比嘉トレーナーの親しみやすい人柄や練習の内容が良かったからこその結果だと思います。チームも私自身も約半年間でここまで変われるとは思っていなかったので、比嘉トレーナーには大変感謝しています」

Ｈ・Ｕさんも書いているように、女子ラグビーの試合は少ないため試合での成果をなかなか確認できませんが、２０２０年10月に開催された「第23回沖縄県スポーツ・レクリエーション祭タグラグビー大会」では見事優勝を飾っています。

タグラグビーは年齢や性別にかかわらずプレーできることを第一に考えたタックルなしの競技ですが、練習では女子部員もタックルを行っており、最近ではタックルされても倒れないだけの体幹の強さが身に付いてきています。

機能的な体の動きを身に付ける「ファンクショナルトレーニング」

読谷高校ラグビー部のフィジカルが強化されてフォワードが当たり負けしなくなったのは、「体のホントの使い方」を身に付けるトレーニングを積み重ねていった結果です。

「体のホントの使い方」とは機能的な動きのことであり、その動きを身に付けるトレーニングを「ファンクショナルトレーニング」と言います。スポーツにおいては成し遂げたい動きを可能にする訓練となり、端的に表現すると、

●高く跳ぶために、機能的に跳ぶ動きを訓練する
●速く走るために、機能的に走る動きを訓練する
●重いものを持ち上げるために、機能的に持ち上げる動きを訓練する

……と理解していいでしょう。

そのように、スポーツでパフォーマンスを向上させるには、より高く跳んだり、より速く走ったり、より重いものを持ち上げたりする必要があり、それには目的とする動きがより機能的でなければなりません。

これは当たり前のようですが、読谷高校ラグビー部の例でも分かるようにスポーツの現場でも意外とできていないものです。

では、機能的な動きとはどういうことか？

日常的な動きであれスポーツの動きであれ、本来あらゆる動きは全身の各部分が連動・複合してなされています。体の各部分がチェーンのようにひとつながりとなり、協調してひとつの動きを作り出していると表現してもいいでしょう。

それが「体のホントの使い方」であり、機能的な動きなのです。

なにかをつかんで力強く引っ張る動きひとつとっても、機能的に引っ張るには土台となる足を踏ん張り、腰を使って上半身へ力を伝え、背中から肩、腕へとその力を連動させる必要があります。そうしたときに初めて最高出力で引っ張れるわけです。

ウィークポイントを見つけて強化する

ファンクショナルトレーニングで動きを強化したい場合は、その動きに伴う全身の連動性を高めます。また、連動性を妨げているウィークポイントを見つけ出し、その部位の筋力を強化したり可動性を高めたりするアプローチも必要に応じて行います。

スポーツ指導者がそうしたウィークポイントを見つけるには、その競技の動きに関する深い理解と鋭い観察眼、そして適切なトレーニングを選択するための知識が要求されます。

野球で、ピッチャーの腰の回旋が弱く腕の力に頼って投げているケースで考えると、投球フォームの指導だけでは不十分であり、腰を回旋させる動きを強化するトレーニングが必要です。本書で紹介する「8つの基本的動き」では「ローテーション」がそれにあたり

著者による指導風景

ます。

そのようにしてウィークポイントを強化していき、最終的に全身を連動・複合させた動きとして機能的に行えるところまで持っていくのがファンクショナルトレーニングの基本的な方法論のひとつです。

なお、ウィークポイントがあると一箇所に負担がかかってケガをしやすいので、ファンクショナルトレーニングはケガの防止にも有効です。

読谷高校ラグビー部の場合はフォワードが弱かったので、まずスクラムを組んだときに当たり負けしないことを目標にしました。

スクラムで当たり負けしないためには下半身で体を支えることが重要と考え、下半身の強化と、そこで支えている力を上体に連動させることにポイントを置いて指導したところ、フォワード陣の能力は大幅に向上。試合での成果はすでに説明したとおりです。

読谷高校ラグビー部の監督・コーチからの評価

読谷高校ラグビー部の監督やコーチはファンクショナルトレーニングをどう評価したのでしょうか？

まず、久場良文監督のコメントを紹介します。

「比嘉トレーナーいわく、ウェイトを持つ前に体幹の強化や自重トレーニングが必要ということでした。そこで、それまではウェイトだけを求めてトレーニングしていましたが、まずは体幹強化や自重トレーニングから始めていきました。

その後、重いウェイトの扱い方を学んでいき、どんどんと重量を増加。それと並行して食トレも行い体重を増やしていきました。

その結果、大会においてフィジカルはかなり通用するようになり、それまでの課題だったフォワードで勝てるようになりました。相手が驚いていたのも印象的です。九州大会でも通用する体になり、対戦相手の監督は『フォワードが重かった』と話していました」

次に島袋法匡コーチのコメントです。

「比嘉トレーナーが来るまでフィジカルトレーニングの様子を観察していましたが、決して良いとは言えませんでした。ウェイトトレーニングは遊びのようで、形だけのものと感じられたので、私の持つ知識も伝えましたが変化はありません。そこで、やはりトレーナーが必要だと強く思うようになりました。

その後チームに合流した比嘉トレーナーの言葉は、『初めは自重トレーニングでいきましょう』という意外なもの。しかし、現代のラグビーでは分業制と言っていいくらい細かく分けてコーチングすることがセオリーとなっていることもあり、私は比嘉トレーナーの言葉を信じて、フィジカルトレーニングに関してはすべて任せようと監督と話し合いました」

部員たちと同様、自重トレーニングから始めることに驚いたというコーチですが、半年ほど経った頃、ある変化に気づきます。

「花園予選（第99回全国高校ラグビー大会沖縄予選）が終了した頃、なにげなく生徒のウェイトトレーニングの様子を見ていて体つきに着目すると、体が急に大きくなっていることに気づきました」

そうした目に見える成果があったことから監督とコーチの判断でトレーニングは継続され、2020年の花園予選では、あと一歩で優勝というところまで名護高校を追い詰める結果に。さらに、2021年の沖縄県高校新人大会ではついに優勝を飾ることになりました。

ファンクショナルトレーニングで機能的な動きができるようになると、どんなスポーツであれ、それくらい劇的にパフォーマンスが向上します。

優秀な競技者ほど「体のホントの使い方」を教えられない

島袋コーチが「現代のラグビーでは分業制と言っていいくらい細かく分けてコーチングすることがセオリーとなっている」と書いていますが、これはラグビーだけの話ではないでしょう。

一般的に、競技者として優秀だった方が監督やコーチという立場に就きますが、競技者として優秀であっても「体のホントの使い方」としての機能的な体の動きを教えられるとは限りません。

むしろ、運動センスのいい方ほど人に教えるのは苦手ということがあります。機能的な動きが自然にできてしまうので、言葉で説明したりトレーニング法を組み立てたりできないのです。

たとえば、普段自然に日本語を話している方でも、カタコトしか話せない外国の方に正しい日本語を教えるのには苦労するでしょう。日本語を教えるには日本語に関する体系的な知識がどうしても必要になってきます。

機能的な体の動きもそれと同じことで、競技者として高いパフォーマンスを発揮できていても、機能的な体の動きに関する体系的な知識がないとそれを教えられません。

ファンクショナルトレーニングの存在意義はまさにそこにあります。

ラグビーでいうとプレー技術や試合での戦略については監督やコーチの領分であり、機能的な体の動きができているかを見極め、競技に必要な動きに重点を置いて強化していくのはファンクショナルトレーニングのトレーナーの領分です。

そのように、各自が得意な分野を分業して指導することで、選手のパフォーマンスを最大限に引き出せます。

指導者が「体のホントの使い方」を知る意義は？

ファンクショナルトレーニングのトレーナーは、動きの連動性を妨げているウィークポイントを見つけて適切なトレーニングを指導し、チームの状態に応じてその強度を調整していきます。

また、集団をまとめて指導しつつ一人ひとりの動きにも目を配り、必要に応じて動きのアドバイスをしたり個人的に指導したりします。

こうしたことには十分な知識と経験が必要であり、そのようなトレーナーを養成していくことが私の使命のひとつと考えています。

ただ、そうしたトレーナーがチームにいないなら、監督やコーチがファンクショナルトレーニングの知識を持っておきたいものです。専門のトレーナーと同じことはできなくても、基本的な知識を知っているだけで意義があるからです。

たとえば、野球ならまずキャッチボールができないと話にならないので、指導者はその練習をやらせます。しかし、ファンクショナルトレーニングの観点でいうと、キャッチボールの基本となっている投げる動きとキャッチする動きも練習すべきです。それらの動きが機能的になったらキャッチボールは確実に上達します。

指導者がこうした観点を理解できていれば、練習効率は劇的に向上するでしょう。「習うより慣れろ」という方針でプレー経験を優先させるケースも多いようですが、まず基本的な動きを機能的にすることを優先させると短期間で思うようなプレーができるようになり、やりがいを持って楽しく練習できます。

このようなファンクショナルトレーニングの考え方が分かっていないと、パフォーマンスを向上させようとしてウェイトトレーニングに頼ってしまいがちです。

しかし、ウェイトトレーニングは重量設定が難しく、フォームや効かせるポイント、意識の置きかたなどを正しく行わないと、狙った効果を得られなかったりケガの原因となったりします。

一方、ファンクショナルトレーニングなら機能的な動きを体得しながら最初のうちは自重で安全に鍛えていくので、ケガの危険性もなく短期間で効果が出てきます。読谷高校ラグビー部の部員やコーチも触れているように、約半年ほどで成果を実感できるでしょう。

YouTubeなど情報の海で迷子になっていないか？

読谷高校ラグビー部員の感想文で、ＹｏｕＴｕｂｅ（ユーチューブ）の動画をトレーニングの参考にしていたという話がありました。今の時代、こういう方は指導者のなかにもいるでしょう。

実際、ＹｏｕＴｕｂｅで検索してみると、トレーニングを教える動画が無数に出てきます。情報を探す手間が省けるという意味ではいい時代ともいえますが、たくさんの情報のなかでなんとなく良さそうなものを選んでトレーニングしてみてもなかなか成果はあがりません。ＹｏｕＴｕｂｅのことを書いた部員はフィジークの選手たちの動画を参考にしたそうですが、これなどもラグビーには直結しないトレーニングです。

フィジークとはボディビルに似ていますが、よりスリムな体を目指すものであり、下半身の強化をそこまで重視しません。また、ラグビーのスクラムのように押し合う動きの強化にも直結しないのです。しかし、若い世代からすると非常に見栄えのいい体つきなので、憧れの対象となりやすいのでしょう。

このように、格好のいい体のアスリートやプロのチームがやっているという理由で、YouTubeやSNSで知っただけのトレーニングを練習に導入するケースは少なくありません。しかも、指導者がそれをやる場合、多くは自ら実践して効果を確認することはないでしょう。仕入れた知識をただ伝えるだけです。

YouTubeやSNSの情報が間違っているとは言いませんが、たくさんの情報があふれていても、「体のホントの使い方」が分かっていなければ、そのなかから正しく取捨選択できません。

その競技で必要とされる動きはなにか？

その動きをより機能的にするには体のどの箇所がどう連動していればいいか？

連動性を妨げているウィークポイントはどこか？

――そうした視点なしにYouTubeやSNSで膨大な情報に触れても参考になるなど

ころか、かえって迷子になってしまいます。

逆に言うなら、そこさえ分かっていれば、本書で紹介する「8つの基本的動き」のようなベーシックでシンプルなトレーニングでも十分な成果があがります。

●機能的な動きとはどういうものか
●「8つの基本的動き」の理解と実践
●適切なトレーニング強度

これらのポイントが押さえられてさえいれば、ファンクショナルトレーニングのトレーナーがチームにいない場合でも、「8つの基本的動き」だけでパフォーマンスは確実に向上します。

プレー技術を「体のホントの使い方」から再検討する

競技におけるプレー技術も、ファンクショナルトレーニングの観点で見直してみると良い結果になることがあります。

たとえばラグビーには、二列になった両チームの間に投げ入れたボールをジャンプしてキャッチする「ラインアウト」というセットプレーがありますが、ファンクショナルトレーニングの観点からその動き自体を再検討して指導してみたところ、パフォーマンスの向上が見られました。

ラインアウトでボールをキャッチする際、ジャンプしてキャッチする選手を2人が下で支えて持ち上げますが、試合を見てみると下の2人は片足立ちになっていることが多いようです。そういうセオリーなのでしょうが、強いチームがそうしているからといって同じことをやっていてもなかなか追いつけません。

そこで、私はファンクショナルトレーニングの観点から、下の2人は両足で自身の下半身をしっかり支えて上の選手を持ち上げてみてはどうかと提案しました。さらに、上でジャンプする選手には「8つの基本的動き」のひとつである「ヒンジ」の動きを意識して高く真上に上がるイメージで跳んでもらったところ、ラインアウトにおけるパフォーマンスが大幅に向上しました。

私はラグビーに関しては素人です。しかし、どうすれば機能的な動きになるかという点については指導できるので、部員たちの動きを見たりプレー技術についてこちらから聞き出したりして、ファンクショナルトレーニングの観点から動きを提案していったわけです。

キック動作についても、部員たちが「YouTubeで全日本の選手がこう蹴っていた」と言って真似しようとしていたので、その選手と同じ体ではないことを説明した上で機能的な動きによるキックを提案したところ、やはりパフォーマンスの向上が見られました。これについて部員のS・Sくんは、「トレーナーの観点からラグビーの動きを取り入れたトレーニングを用意してくれて、とても新鮮なだけでなくちゃんとラグビーで生かされています」と書いています。

このように、各競技においてセオリーとなっているプレー技術についても、ファンクショナルトレーニングの観点から再検討してみることには大きな意義があると言えます。

ファンクショナルトレーニングの詳細とその基本的な実践となる「8つの基本的動き」については第3章と第4章で説明することにして、次の第2章では「子どもの体のホントのところ」と題し、小・中・高校生それぞれの年齢の体に合わせたトレーニングについて説明しましょう。

第2章

スポーツ指導者が知るべき「子どもの体のホントのところ」

子どもの体力・運動能力は年々低下している

小・中・高校生を教える上でまず知っておきたいのは、多くの場合で子どもの体は本来のパフォーマンスを発揮できていないということです。

次に紹介する統計データでは、子どもたちの体格が昔と比べて大きくなっていることが確認できますが、運動能力はそれに追いついていないことが分かります。

まず身長のデータを紹介します（次ページ上段の表を参照）。

次に、文部科学省の6～19歳の体力についての統計データ（「令和元年度体力・運動能力調査の概要」）で、2019年度の握力、50メートル走、持久走、立ち幅とび、ボール投げの平均値を1985年頃と比較すると、中・高校生男子の50メートル走を除き、低い水準にとどまっていることが分かります。

2010年代に関しては、横ばいや向上傾向も見られますが、男女のボール投げや中学生以上の男子の握力では低下傾向が見られます。一例としてソフトボール投げの年次推移のグラフを載せておきましょう（次ページ下段のグラフを参照）。

平均身長の推移

男子 平均身長

	10歳	13歳	17歳
1965年	133.6cm	151.7cm	166.8cm
1985年	137.7cm	157.7cm	170.2cm
2000年	139.1cm	160.0cm	170.8cm
2015年	138.9cm	159.8cm	170.7cm

女子 平均身長

	10歳	13歳	17歳
1965年	134.1cm	150.3cm	154.8cm
1985年	138.8cm	154.4cm	157.6cm
2000年	140.3cm	155.1cm	158.1cm
2015年	140.1cm	154.9cm	157.9cm

（文部科学省「学校保健統計調査　年次統計」より）

ソフトボール投げの年次推移

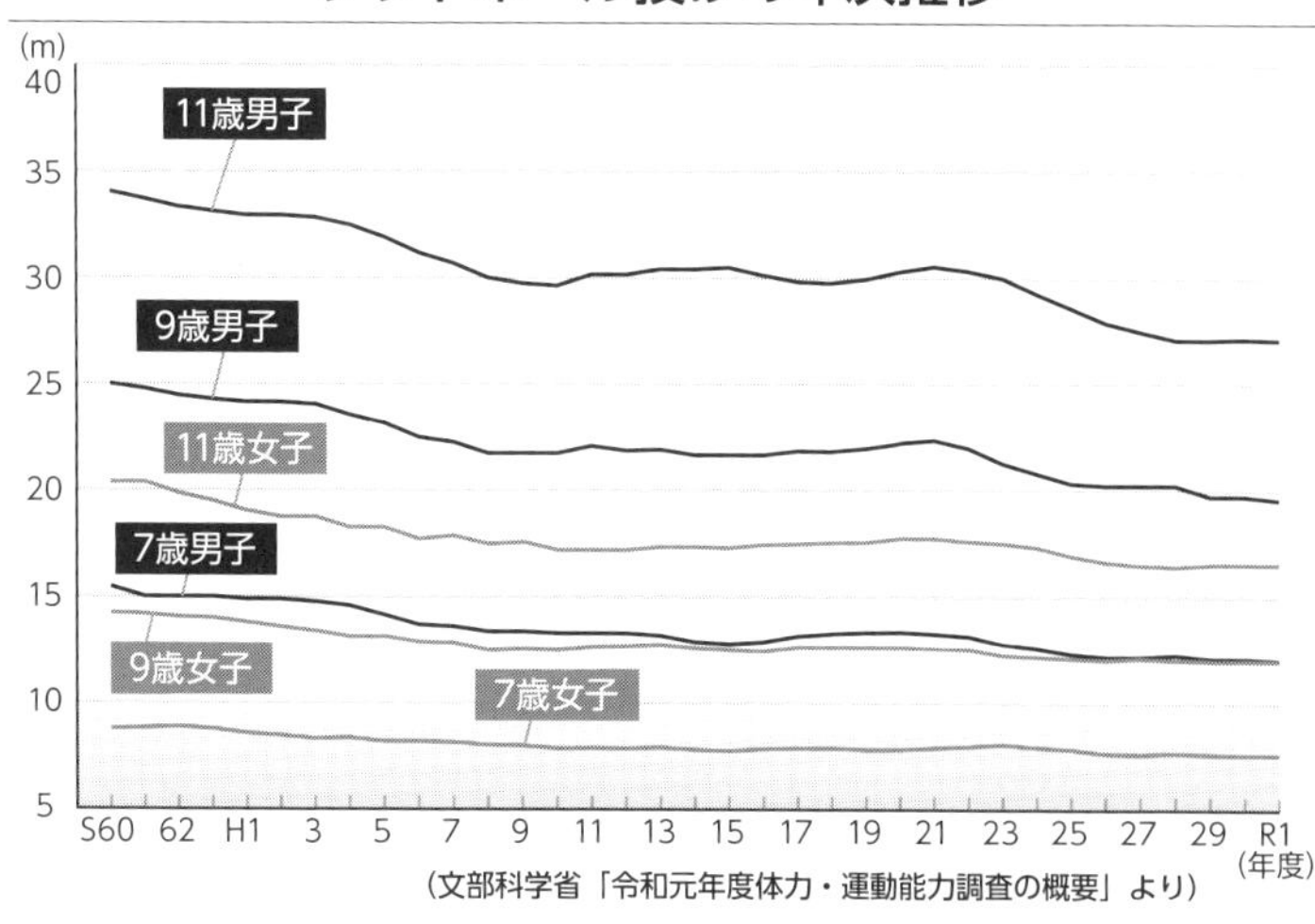

（文部科学省「令和元年度体力・運動能力調査の概要」より）

子どものスポーツ指導を長年続けている方なら、「最近の子どもは体が大きい割に運動能力は低下している」と実感しているかもしれません。それは気のせいではなく、まさにデータに表れています。

体の大きさに伴うだけの運動能力が発揮できていないのは「体のホントの使い方」、すなわち機能的な体の動きが身に付いていないからです。この場合、ファンクショナルトレーニングを行うと、体格に見合うだけの運動能力を発揮できるようになります。

体の動かしかたが分からない子どもたち

学校等で行われている体力テストを例にとって説明しましょう。

現在行われている体力テスト（新体力テスト）のテスト項目は、12～19歳の場合、「握力」「上体起こし」「長座体前屈」「反復横とび」「持久走（もしくは20メートルシャトルラン）」「50メートル走」「立ち幅とび」「ハンドボール投げ」となっています。

では、そのテストの結果が振るわない場合はどうすればいいか？

文部科学省は、体力テストの結果を体育・健康に関する指導に役立てるよう推奨していますが、その具体的な方法までは説明していないようです。そもそも学校の体育では生徒ごとに個別の指導ができないので、体力テストの結果に応じた対処は難しいでしょう。

一方、ファンクショナルトレーニングはこれについて明確な手段を持ちます。

たとえば、反復横とびで重要なのは体幹の安定性です。体幹がしっかり保持されていないと脚部のフットワークが生かされないからです。

持久走や立ち幅とび、上体起こし、長座体前屈では股関節の動きが重要で、「8つの基本的動き」で言うと、持久走は「ランジ」、そのほかは「ヒンジ」の動きをトレーニングするとパフォーマンスが向上します。上体起こしには体幹を強化する「プランク」も重要です。

ハンドボール投げは全身運動で特に下半身からの力の伝えかたがポイントとなります。しかし、今の子どもの多くはそうした全身を連動させる動きが身に付いていないので、いわゆる〝手投げ〟になってしまいます。

ファンクショナルトレーニングの観点でハンドボール投げのアドバイスをするなら、しっかり踏み込んだところを土台にして腰の回旋を加え、その力を肩と腕に伝えるという説明になります。

ただ、小学生に教えるならシンプルに「しっかり踏み込んで投げてみて」という表現になるでしょう。その練習を少しするだけでも飛距離が伸びてくるはずです。

運動能力低下の原因は外遊びの減少と食生活の変化

子どもたちの運動能力が低下している原因のひとつとして外遊びの減少が挙げられます。たとえば、平らなところで転んだり、転んだ際に手をつけず顔にケガを負ったりする子どもが増えています。これは、幼少期の外遊び体験が少ないせいでしょう。

本来なら、転ばないようしっかり足を上げて走ることを外遊びのなかで身に付けていきますが、それができていない。また、危ないからと木登りもさせないから懸垂が苦手で握力も弱い。

さらに、外遊びをしないと基本的な体力が発達しません。体を動かした疲れがないので就寝時間は遅くなりやすく、寝不足のせいで日中の思考能力は低下します。

外遊びの代わりにテレビゲームやスマホゲームに熱中する子どもも多いでしょう。その場合、夜に見る明るいゲーム画面が睡眠リズムに影響して、やはり就寝時間が遅くなりがちです。

そうしたゲームの多くは、設定されたルールのなかで考えることを求めてくるため、頭を使うプレー内容であっても子どもの思考能力の発達には直結しません。

その逆に、外遊びでは創意工夫を発揮したり、体と思考を臨機応変に使いこなしたりする場面が多いため、運動能力だけでなく思考能力の発達も促されます。

外遊びにケガのリスクがあるのはもちろんですが、子どもの運動能力や思考能力の発達という観点で大きなメリットがあるのも確かです。

そして、子どもの運動能力低下の原因として、もうひとつ考えられるのが食生活の変化です。

昔よりも今のほうが栄養状態は良好と考えている方は多いでしょう。しかし、実は現代人のタンパク質摂取量は、終戦から間もない１９５０年代と同水準まで落ち込んでいます。

日本では１９７０～１９９０年代にタンパク質摂取量が大きく向上しますが、その後は減少に転じ、２０１０年代には１９５０年代と同じ水準まで減ってしまっているのです。

私が子どもの頃を振り返ってみると、肉はそれほど食べていませんでしたが魚はよく食卓に並んだ記憶があります。日本人の魚離れを示すデータもあり、それがタンパク質摂取の減少につながっているものと思われます。

日本人の1人1日当たりのタンパク質摂取量の年次推移(総量)

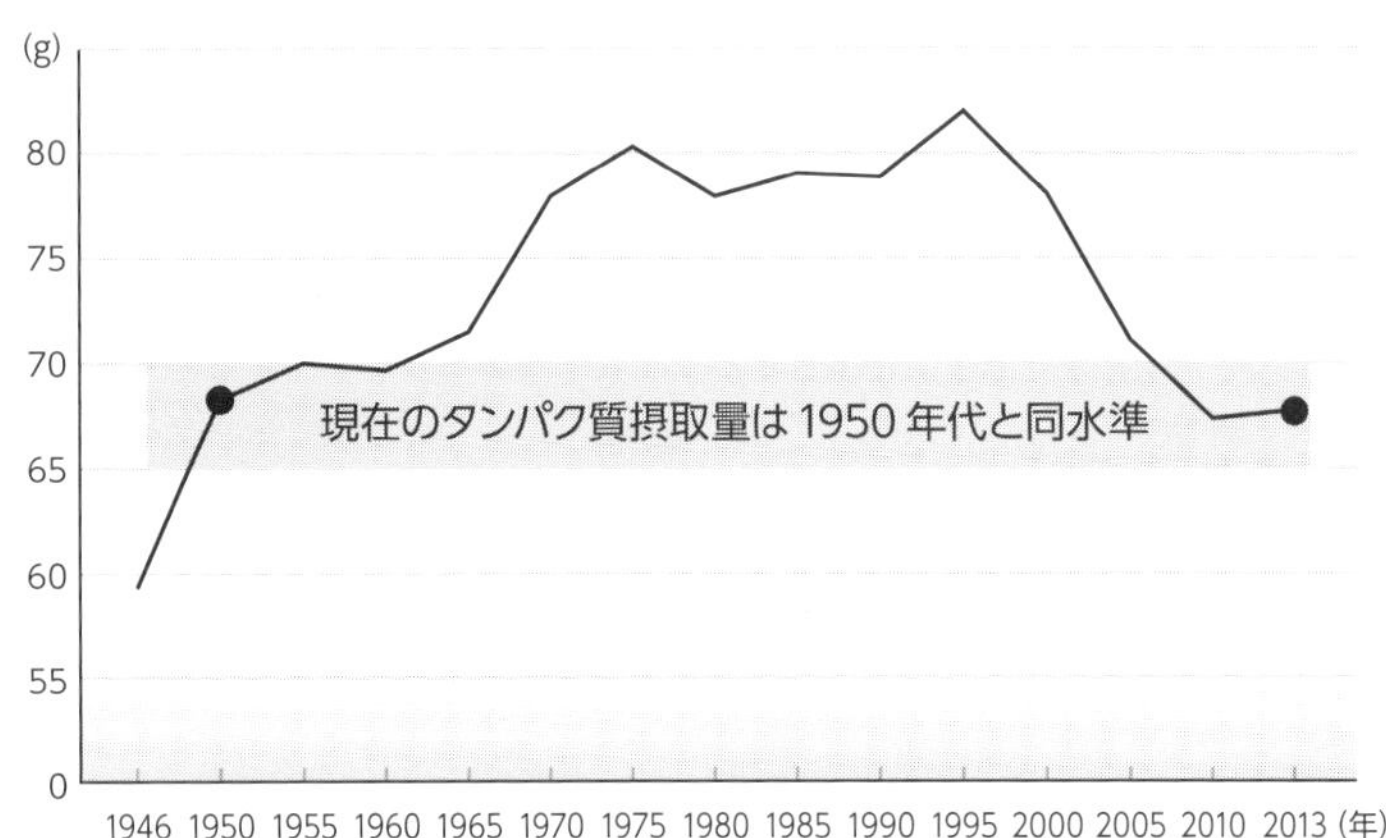

(厚生省・厚生労働省「国民栄養の現状」「国民栄養調査」「国民健康・栄養調査」より)

そうした背景があるため、スポーツをやっているなら小・中・高校生を問わず、足りないタンパク質を補うためにプロテインの摂取をすすめています。

そのほか、ＢＣＡＡの摂取も推奨されます。ＢＣＡＡとは筋肉の運動時にエネルギー源となる必須アミノ酸「バリン」「ロイシン」「イソロイシン」の総称です。

食事で必要十分なタンパク質を摂取できていれば不要ですが、現代の一般的な家庭の食生活を考えれば、プロテインとＢＣＡＡを摂ることで、子どもの運動能力やスポーツのパフォーマンスは確実に向上するはずです。

さまざまなスポーツに触れるメリット

子どもの運動能力向上を考えるなら、ひとつのスポーツだけに注力させるのではなく、さまざまなスポーツに触れさせたほうがいいでしょう。

日本では、子どものうちからサッカー選手にはサッカーだけを、野球選手には野球だけをやらせる傾向がありますが、それではそのスポーツの動きしか身に付きません。部活でスポーツをやっているのに、体育のバレーボールでジャンプからの着地時にねんざをしたケースを知っていますが、そういうことが起こりえます。

一方、アメリカでは高校生まではさまざまなスポーツに触れさせた上で、進みたい方向を本人に決めさせます。そのほうが結果的に高い運動能力を獲得できるからです。

そのように、子どものうちはさまざまなスポーツを通して多様な動きに触れたほうが、機能的な動きを身に付けられます。

さらに可能なら、乳児のうちから体をのびのび動かせる環境を整えてあげたいものです。

乳児は寝返りをうったりハイハイしたりするなかで筋力が養われて体幹が安定していき、

体を動かす神経が発達し、バランス感覚や動きの組み合わせを学んでいきます。「体のホントの使い方」としての機能的な動きもまた、そうしたなかで自然に身に付けていくのが本来のありかたと言っていいでしょう。

スポーツ障害防止のために指導者ができること

過去には、子どもの運動能力を向上させようとして、実際は逆効果に働いてしまうこともたくさん行われてきました。運動中に水を飲まないとか、うさぎ跳びなどはその一例です。水分補給の重要性やうさぎ跳びがオスグッド病の原因となることは今や広く知られるところですが、以前はそうした知識がなく、スポーツ障害を招いてしまうケースもありました。さすがに、現在ではうさぎ跳びをやらせるスポーツ指導者はいないと思いますが、それと似た運動をさせていることはあります。

ある学校でたまたま見かけた運動部の練習で、6人くらいが手をつないで輪になりスクワットをしていました。スクワットも正しく行われれば問題ありませんが、彼らをよく見ると、つま先立ちで深く下までしゃがんでから勢いよく立ち上がっており、うさぎ跳びに大変よく似た動きです。オスグッド病を発症しかねない動きといっていいでしょう。うさぎ跳びが行われなくなった理由を根本から理解できていないと、こういうことが起こりえます。

そのほか、別の運動部の練習で、組んだ相手を〝お姫さま抱っこ〟してのスクワットを見たこともあります。ウェイト代わりにしているわけですが、これでは前方に重心が偏ってしまいテコの働きで腰に多大な負担がかかります。おそらく鍛えられる前に腰痛になるはずです。

どうしても人体をウェイトにしたいなら、組んだ相手を横にして肩に担いだほうがまだいいでしょう。古代ギリシャに子牛を肩に担ぐ像がありますが、ちょうどそのような体勢です。これなら体の軸の上にウェイトが乗る形となるので、腰への負担はそこまで大きくはなりません。

ただし、同じ肩に担ぐ場合でも肩車は高さが出て不安定になりやすく、重心のブレを腰で支えてしまうため腰痛につながります。また、転倒した場合は上下どちらの人も危険です。

このように、似たような運動でも危険度の高いものとそうでないものがあるので、スポーツ指導者は常に知識をアップデートして、練習メニューから危険性を排除していく必要があります。

また、知識だけでは不十分で、新たなトレーニングを取り入れる際には、まずは自らそれをやってみるべきです。自身で体験して、それが体に与える負担、危険性、効果を見極めることがスポーツ指導者には求められます。

練習・トレーニングの効果を高める3つのポイント

子どものスポーツにおいて、練習・トレーニングの効果をより高めるために指導者が心掛けるべき3つのポイントについて説明しましょう。

① フレンドリーに話しかける
② 「やる子」と「こなす子」を見極める
③ 各自の運動能力に合わせたトレーニング強度を設定する

——この3つのポイントを押さえると、どんなスポーツであれ、練習・トレーニングの効果が大きく向上します。

まず、「①フレンドリーに話しかける」ですが、これは指導者に対して質問できない子どもが多いためです。「間違ったことを言うと怒られるのでは」と怖がったりとかシャイだったりとか、それぞれ理由は違うでしょうが、ともかく指導者の側からフレンドリーに話しかけて壁を取り払うことが大切です。

私の場合はトレーニングで体を動かしている最中に一人ひとりに話しかけています。それも、欠点を指摘するような口調ではなく、友人に話しかけるように「ここはこう動こうか」と動きの指導を行います。

そのようにして〝教える側〟と〝教えられる側〟の間にある壁を取り払っていくと、子どもたちが質問や悩み、要望について積極的に話しかけてくれるようになります。また、ボディランゲージとしても表現してくれるので、各自のコンディションの把握が容易になります。

「やる子」と「こなす子」の違い

子どもたちのコンディションが分かるようになってきたら、「②『やる子』と『こなす子』を見極める」ことを意識して子どもたちの様子に目を配ります。

「やる子」とはトレーニングの意味を理解して意識的に取り組める子、「こなす子」とは指示をただこなすだけの子のこと。どの子がそうなのかは動きや表情で判断できます。

たとえば、ある動きを15回やらせた場合、自分を追い込む意識で動いているのか、ただ回数をこなせばいいという考えで動いているのか。そうした違いは動きや表情に表れるものです。

小学生の高学年以降は、特にこうしたところをしっかり見て指導に生かします。具体的には、「③各自の運動能力に合わせたトレーニング強度を設定する」のです。

まず、トレーニングにおける動きの回数は、チームのなかで体力や運動能力が中程度から少し劣る程度の子に合わせます。チームのほとんどが達成できて、できない子は頑張ればなんとか達成できる回数に設定するわけです。すると全員が同じ回数をクリアでき、できない子のやる気を削ぐようなことがありません。

その場合、運動できる子は強度が足りないので、より負荷のかかるやりかたを指導します。「プッシュアップ（腕立て伏せ）」なら、3秒で下りて3秒で上がるというように動きのスピードをゆっくりさせると強度が上がって効果的なトレーニングとなります。

また、先ほどの「こなす子」が余力を残しつつ回数だけをこなそうとしているなら、同様にして強度を上げればいいでしょう。

このように、どういうタイプの子であれ、各自の運動能力に合わせた強度でやる気を折らない程度に追い込み、きちんと達成感を味わせてあげることが、成果を出しながら楽しくトレーニングを続けていく秘訣となります。

小学生のトレーニングの方針

ただ、「③各自の運動能力に合わせたトレーニング強度を設定する」については、小学生と中・高校生で少し違ってきます。

まず、小学生では達成感を与えて楽しくトレーニングすることを重視したほうがよく、あまり追い込む感じにならない程度に強度を調整します。具体的には1セット10〜15回、多くて30回の範囲で全員が完遂できる回数に設定し、負荷をかけすぎない基本のやりかたで行います。

当然それでは筋肉は大きくなっていきませんが、まずは正しい姿勢でトレーニングして機能的な動きを覚えてもらうことを優先し、そのなかで小さな達成感を得ながら楽しくトレーニングする経験を積んでいきます。

小学生の場合、競技そのものだけでなくトレーニングについても楽しいと思ってもらうことが重要なので、この達成感という要素は欠かせません。

なお、保護者から「筋肉を付けすぎないでほしい」という要望が寄せられるケースがよくあります。筋肉を付けすぎると身長が伸びないとされるからですが、自重のみで行うトレーニングではその心配はなく、むしろ成長ホルモンの分泌が促されて身長が伸びやすくなるでしょう。

中・高校生のトレーニングの方針

中学生からは各自の運動能力に応じて負荷を調整していきます。

1セット10～15回、多くて30回の範囲で全員が完遂できる回数に設定しますが、運動能力の高い子については動きの範囲を変えたり、ゆっくり動いてもらったりして負荷を高めます。

動きの範囲の変化による負荷の強化とは、たとえばスクワットで上へ立ち上がるときにひざを伸ばしきらないまま次の回に移るようなことです。こうすると立ち上がったときに休めないので運動の強度は一気に上がります。このやりかたなら自重トレーニングでも、かなりの負荷をかけることが可能でしょう。

第1章で紹介した読谷高校ラグビー部のキャプテンからは「僕たちが見よう見まねで行っていたウェイトトレーニングよりも、比嘉トレーナーの自重トレーニングはきつかった」という感想もありました。そのように、やりかた次第で自重トレーニングでも筋肉をしっかり追い込むことができます。

その上で、自重で足りないようならゴムチューブで負荷をかけます。中学生の場合、ウェイトの使用は基本的に不要ですが、高校進学後もスポーツを継続するなら中学3年の2学期くらいからウェイトを導入してもいいでしょう。

高校生からトレーニングを始めた場合は、最初のうち自重を負荷として機能的な動きをしっかり覚えてもらい、運動能力の向上に伴ってゴムチューブやウェイトで負荷をかけていきます。

ただし、ウェイトを導入する場合は指導者側がしっかりサポートしないとケガを招くことがあるので、その点には細心の注意を払ってください。

体とメンタル面を同時に鍛えるには？

ここまでは回数を設定して指導する方法で説明しましたが、時間で設定するやりかたも機に応じて導入します。つまり、回数はカウントせず指導者が「OK」と言うまでやらせるのです。

それまでのトレーニングの様子を見て、「1分半」「2分」など全員がなんとか完遂できそうな時間を決めておきますが、本人たちにはそれを教えません。いつ終わるのか予想がつかないなかで自分を追い込んでいくことで、体ばかりでなくメンタル面も同時に鍛えられるからです。

このやりかたなら「回数さえこなせばいい」というメンタルにならないので、「こなす子」でもしっかり鍛え上げることができるでしょう。

なお、これをやる際は時間で追い込んでいくのでウェイトは用いません。ウェイトを用いないので安全性が高く、集団を同時に指導するときに最適な方法と言えます。

男女混成のトレーニングも基本は同じ

参考までに、男女混成でトレーニングするケースや、大人のトレーニングについても付け加えておきましょう。

まず、男女混成のトレーニングですが、基本的にはここまでの説明と同じやりかたとなります。女子がいる場合、回数を少なくしたり負荷を軽くしたりすることが多くなると思いますが、いずれにせよ一人ひとりの運動能力に合わせて、そのあたりを調整する点には変わりありません。

次に大人のトレーニングについては、まず20～30代では自重トレーニングから始めてウェイトの重量や回数を上げていく形となります。

それ以上の年代では健康維持を目的とすることが多いと思われるので、ウェイトは軽くして負荷をあまりかけず、機能的な動きの維持を重視したトレーニングとします。特に可動域がしっかり維持できているか注意して見ていけばいいでしょう。

次の第3章では、「体のホントの使い方」としての機能的な動きを実現するファンクショナルトレーニングの考え方と、その精髄である「8つの基本的動き」について詳しく説明します。

第3章

体のホントの使い方を体得する「ファンクショナルトレーニング」

ファンクショナルトレーニングとはなにか？

ここで改めて、ファンクショナルトレーニングについて説明しましょう。

ここまで繰り返し触れてきた「体のホントの使い方」とは機能的な動きのことであり、それを身に付けるとスポーツのパフォーマンスは確実に向上します。

〝機能的な動き〟は英語では「ファンクショナルムーブメント（Functional Movement）」となり、それを身に付けるトレーニングが「ファンクショナルトレーニング（Functional Training）」です。

スポーツにおけるファンクショナルトレーニングは成し遂げたい動きを可能にするために行われ、体の各部位が連動・複合してひとつの動きを作り出せるよう訓練します。それは単なる筋トレではなく動きのトレーニングなのです。

ファンクショナルトレーニングでは、機能的な動きを構成する要素として主に次の8つに着目します。

① 筋力・筋持久力

筋力とは筋肉が1回の収縮で発揮できる力のこと。一方、筋持久力とは筋肉が一定の収縮を反復できる力のことを言う。

② 全身持久力

酸素を取り込んで運動エネルギーに変換する能力。

③ 可動性・柔軟性

可動性とは、関節の可動域すべての範囲において筋肉の力で意識的に動作をコントロールできる能力のこと。一方、柔軟性とは関節の可動域そのもののことで、外からの力で関節が無理なく動く範囲を言う。

④ 安定性

体にかかってくる力に対して関節を安定させる能力。

⑤ 敏捷性

動作のすばやさに関する能力。動きの方向、動きの種類、動きの正確さなども関連させて判断する。

⑥ 身体組成

ファンクショナルトレーニングによって向上する8つのポイント

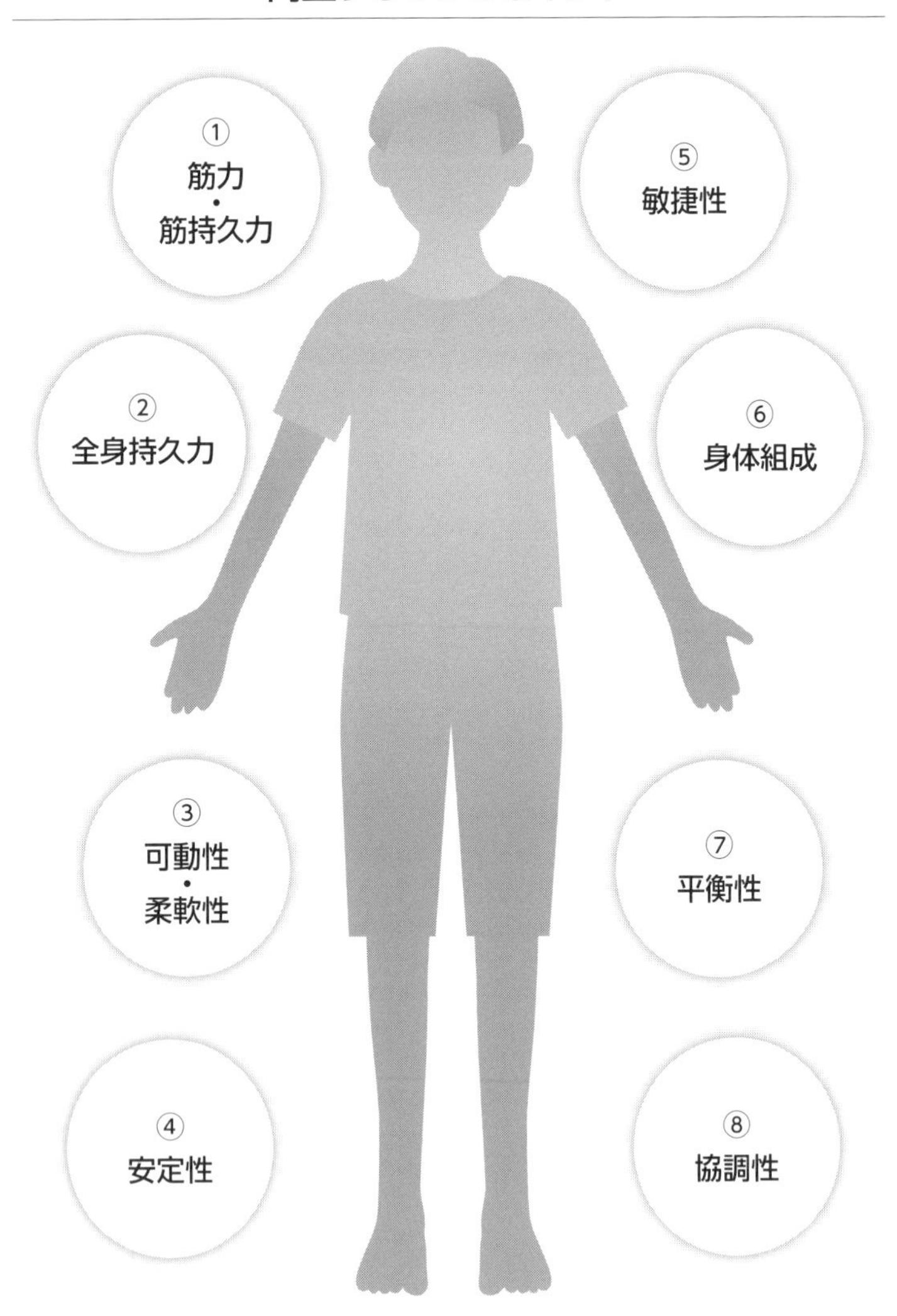

体組成（体を構成する筋肉・脂肪・骨・水分の割合）などのこと。

⑦ **平衡性**

姿勢を保つために全身が協調してバランスをとる能力。

⑧ **協調性**

ある動作に関与する複数部位の動きを協調的に調整する能力。

ファンクショナルトレーニングではこれらの要素について、総合的に改善・向上させていくことが可能です。

マシントレーニングとの違いは？

ファンクショナルトレーニングとマシントレーニングの違いについても説明しましょう。

スポーツクラブやトレーニングジムに設置されているマシンでは、体の安定性を保った上で負荷をかけてトレーニングすることが可能です。

その最大のメリットはケガを防止しつつ安全にトレーニングできることですが、その一方で固有受容器への情報量が少ないために感覚情報に対するフィードバックが低下して、競技中はかえってケガを負いやすくなるというデメリットがあります。

これはどういうことでしょうか？

固有受容器とは筋肉や腱、関節などに存在するセンサーのことで、姿勢や体の位置、動きに関する情報をキャッチしています。その情報に対するフィードバックとして姿勢や動きが無意識に調整されてケガを防いでいますが、単調になりがちなマシントレーニングではどうしてもその仕組みが訓練されていきません。

実際のスポーツ競技ではマシンのように体を安定させる支えはなく、対人競技や競争では予想外の動きを要求されたり予期しない物理的衝撃が加わったりするので、そんなときにマシントレーニングを主にやってきた方は対処できずにケガを負う可能性があるのです。

また、屋外で行われる競技では、競技場のコンディションに応じて臨機応変な体の使い方を求められるケースもあるでしょう。

このように、スポーツ競技では感覚情報の複雑な処理が要求されるため、マシントレーニングよりも、実際のスポーツの動きに近いファンクショナルトレーニングのほうが、ケガの防止とパフォーマンスの向上に大きく寄与します。

ファンクショナルトレーニングが自重を重視する理由

ファンクショナルトレーニングの観点では、マシントレーニングで行うようなひとつの関節だけを主に使う動き（単関節運動）は機能的ではないと考えます。

一方、機能的な動きとは複数の関節を使う動き（多関節運動）であり、多くの筋肉が動作に組み込まれるためケガのリスクを減らしつつ大きな出力を発揮できます。

また、砲丸投げなどの例外はありますが、基本的に多くの競技では自重の負荷とともに動いているということも重要な観点です。たとえば、体重60キロの選手が走る場合は60キロという自重の負荷とともに走るのです。

ファンクショナルトレーニングでは自重を重視しますが、それは実際の競技に近い条件だからです。機能的な動きとは自重を上手に扱うことでもあります。

マシントレーニングには筋肉を効率的に強化できるメリットがあるので、どちらが良いとは単純には言えませんが、機能的な動きは健康レベルの向上にも寄与することから、アメリカでは学校での体育教育や健康づくりの手段としてもファンクショナルトレーニングが注目されています。

ファンクショナルトレーニング9つのメリット

ファンクショナルトレーニングのスポーツにおけるメリット、また健康づくりにおけるメリットについて9つのポイントに分けて説明しましょう。

① エクササイズの多様性

ファンクショナルトレーニングでは指導者がトレーニング内容を無数に作成し、またそれらの組み合わせによるバリエーション豊かなトレーニング構成が可能。そのため、指導を受ける側はトレーニングを楽しく継続できる。

② 対象者を選ばない

ファンクショナルトレーニングでは、その強度や難易度の調整により各参加者の運動能力に合ったトレーニング内容を提供できるため、老若男女を問わず誰に対しても効果的な働きかけが可能。肩こりや腰痛の予防など健康維持にも寄与できる。

③ １人でも大人数でも指導できる

パーソナルトレーニングとして1人を対象に指導できるほか、指導技術を学ぶことで大人数を対象とした場合でも同様の成果をあげられる。

④ 時間的な効率が良い

ファンクショナルトレーニングでは1回のトレーニングに時間をかけ過ぎることなく、運動能力に関わる諸要素を総合的にトレーニングできる。ある調査では、1回のトレーニング時間が1時間を超えると97％の人は継続できないという結果が出ており、トレーニング時間の短縮にはメリットが大きい。

⑤ ダイエットにも効果的

ダイエット目的の運動では、脂肪をエネルギーとして使う比率が高くなる低～中程度の有酸素運動を長時間行うことが多いが、ファンクショナルトレーニングでは消費エネルギーの多いトレーニング内容を組み、短時間で効率よく脂肪を燃焼できる。

また、有酸素運動とは異なり筋肉量も増えてくるので、基礎代謝量の向上により脂肪が燃焼しやすい体になってくる。さらに、全身の均整がとれた体になってくることで代謝が向上し、太り過ぎている場合は健康的に体重が落ちてくる。

⑥ 立体的な負荷・動きのトレーニングができる

一般的なウェイトトレーニングでは、85％の種目が体幹に対して前傾・後傾方向の動きとなっている。しかし、実際のスポーツでは、横方向に倒れる動きや前後左右に水平移動するような動きも多く、立体的な動きのバリエーションが無数にある。そこで、より立体的な動きを取り入れたファンクショナルトレーニングは、ウェイトトレーニングと比べてより実践的なトレーニングとなるだろう。

動きの最中に外から横方向に倒す力や水平方向の力が加わると転倒の可能性があるが、ファンクショナルトレーニングではそれに対応する能力も身に付くため、ケガの防止にも最適である。

⑦ 体幹の安定性の強化

体幹に関係する筋肉は全身の40～50％を占めるとされ、そこから発揮された大きな力は動きを主導してダイナミックなパフォーマンスを可能にする。また、脊柱のS字湾曲を維持して姿勢のバランスを保つことにも寄与している。

ファンクショナルトレーニングでは体幹の強化を最重要項目として位置づけており、それにより動きの機能性向上、正しい姿勢の保持、腰痛や肩こりの改善を実現する。

ファンクショナルトレーニング 9つのメリット

⑧立位でのトレーニングを重視

現代人は座っている時間が長く、立位をとる時間は1日平均で2〜3時間しかないとされている。そこで、ファンクショナルトレーニングでは主として立位でトレーニングすることにより立って体を支える能力を高めつつ、立位で行われる動きの機能性を高めていく。

⑨スポーツのパフォーマンス向上につながる

一般的なスポーツクラブやトレーニングジムでは、機能的な動きにつながるトレーニングはほとんど行われていない。一方、ファンクショナルトレーニングはまさにそこにフォーカスしており、スポーツのパフォーマンス向上に直結する内容となっている。

このうち「④時間的な効率が良い」について少し補足しましょう。

一般的なスポーツクラブやトレーニングジムでは、筋力を高めるマシントレーニング、心肺持久力を高めるための有酸素運動、柔軟性や可動性を高めるためのストレッチ……というように目的別にマシンやエクササイズが分かれていて別々に実施するのが一般的です。

しかし、スポーツや日常生活における動作には筋肉だけでなく心肺機能や可動性なども関与するため、ファンクショナルトレーニングでそれらへ同時にアプローチしたほうが実際の動きに直結したものとなります。また、同時に行えるので短時間で効率的にトレーニング効果を得られます。

ファンクショナルトレーニングの精髄「8つの基本的動き」

先に、「ファンクショナルトレーニングではトレーニング内容を無数に作成できる」と述べましたが、それはあくまでもその専門家が指導する場合であり、スポーツチームの監督やコーチなどの指導者が自身で少し学んで導入するケースでは、臨機応変なトレーニング構成は難しいでしょう。

そこで、本書では専門家でなくてもファンクショナルトレーニングを活用できるように、スポーツに必要な動きを8つに集約し、その機能性を高めるトレーニングを「8つの基本的動き」として紹介します。

これはファンクショナルトレーニングの精髄と言える動きでもあり、この8つだけでもスポーツのパフォーマンスは確実に向上するはずです。

いずれもトレーニング種目としてよく知られているので、すでに知っていたり実践していたりするかもしれません。しかし、単なる筋トレという意識で行うのと、「動きのトレーニングという意識」で行うのとでは効果が違ってきます。

本書ではファンクショナルトレーニングの観点から、姿勢や動きのポイント、意識の使い方、強度設定などについて詳細に説明しており、正しく実践してもらえれば、そのシンプルさからは想像できないほど高い成果を得られます。

具体的な方法については次の第4章で紹介するとして、ここではまず「8つの基本的動き」のそれぞれの意味と意義について解説しましょう。

まず、「8つの基本的動き」をそれぞれ一言で説明すると次のようになります。

●上肢部と体幹

「プランク」……すべての動きの土台となる厚板のような体幹

「プッシュ」……押す動き

「プル」……引く動き

「ローテーション」……下半身の力を上半身に伝える回旋の動き

「キャッチ」……つかむ動き

「8つの基本的動き」の意味と意義

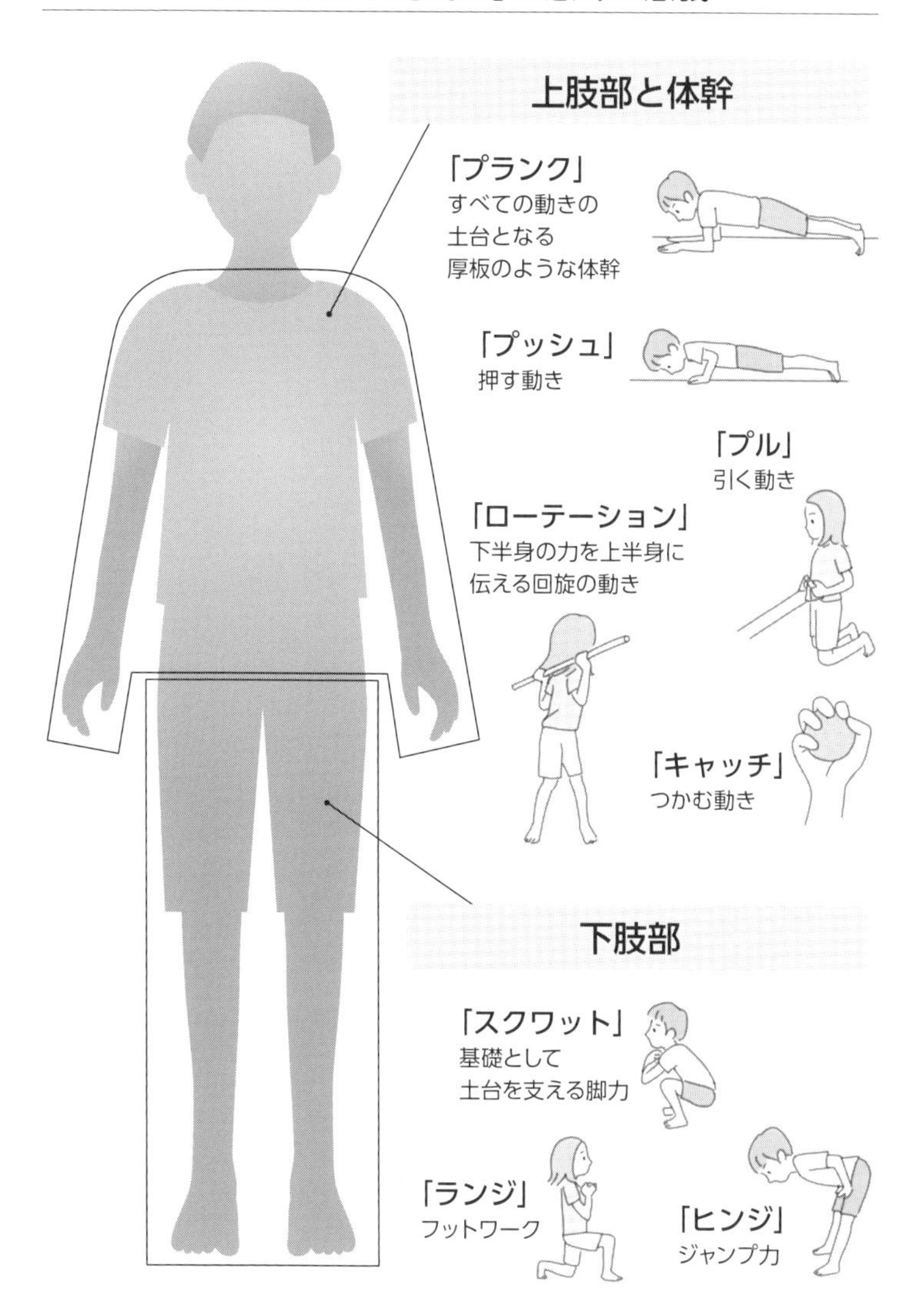

●下肢部
「スクワット」……基礎として土台を支える脚力
「ランジ」……フットワーク
「ヒンジ」……ジャンプ力

この8つの動きをトレーニングすれば、どんなスポーツであれ確実にパフォーマンスは向上します。以下、順に説明していきましょう。

8つの基本的動き①「プランク」

「プランク（Plank）」は「板」という意味で、体幹を板のようにしっかり保つことを指しています。体幹に四肢が付いてさまざまな動きをなしていることから、体幹をすべての動きの土台と考えてもいいでしょう。近年、体幹の重要性が言われているのもそのためです。

プランクによって体幹を板のようにできると主に次の4つのメリットがあります。

①ケガのリスクが減る
②スムーズに動ける
③パワフルに動ける
④スピーディーに動ける

動きの土台がしっかり保たれているとこれらのメリットを期待できるわけですが、これは当たり前のことです。体幹を自転車のフレームにたとえると、プランクができない体はフレームが曲がっていたり不安定にグラグラしていたりするようなもので、それではスピードが出ないばかりか、まっすぐに走ることすらままならず事故の原因となります。

それと同じことで、人体もまずは体幹がしっかり保たれていないことには、すべての動きが安定しません。スポーツのパフォーマンス向上やケガの防止を図るときにはそこが基本となります。

脊柱と体幹、姿勢を保つ筋肉の関係

体幹の中心にある脊柱（背骨）が本来の正常な位置に保たれていることは、正しいプランクの指標となります。

脊柱は自然に立ったときにS字湾曲を保つのが正常で、その場合、横から見ると、耳たぶ－肩峰－大転子－膝関節－足関節が一直線になっています。また、正面から見ると左右の耳たぶ、肩峰、腸骨、膝関節はすべて水平になります。

脊柱をこのように正しく保つには、脊柱周辺の筋肉群のほか、股関節周辺の筋肉群や骨格、肩周りの筋肉群や骨格などが正常に機能している必要があり、それらをまとめて体幹（コア）と呼んでいます。

さらに、体幹を含む全身の姿勢を安定させるには、広背筋、腹筋群、腹横筋、大臀筋、ハムストリングス、大腿四頭筋などが一定の収縮を維持していなければなりません。

プランクでは、自重が負荷として体幹にかかってくるなかで脊柱を正しく保つことにより、体幹と全身の姿勢の安定に関与する筋肉群をまとめて強化できます。

横から見た脊柱と正面から見た脊柱

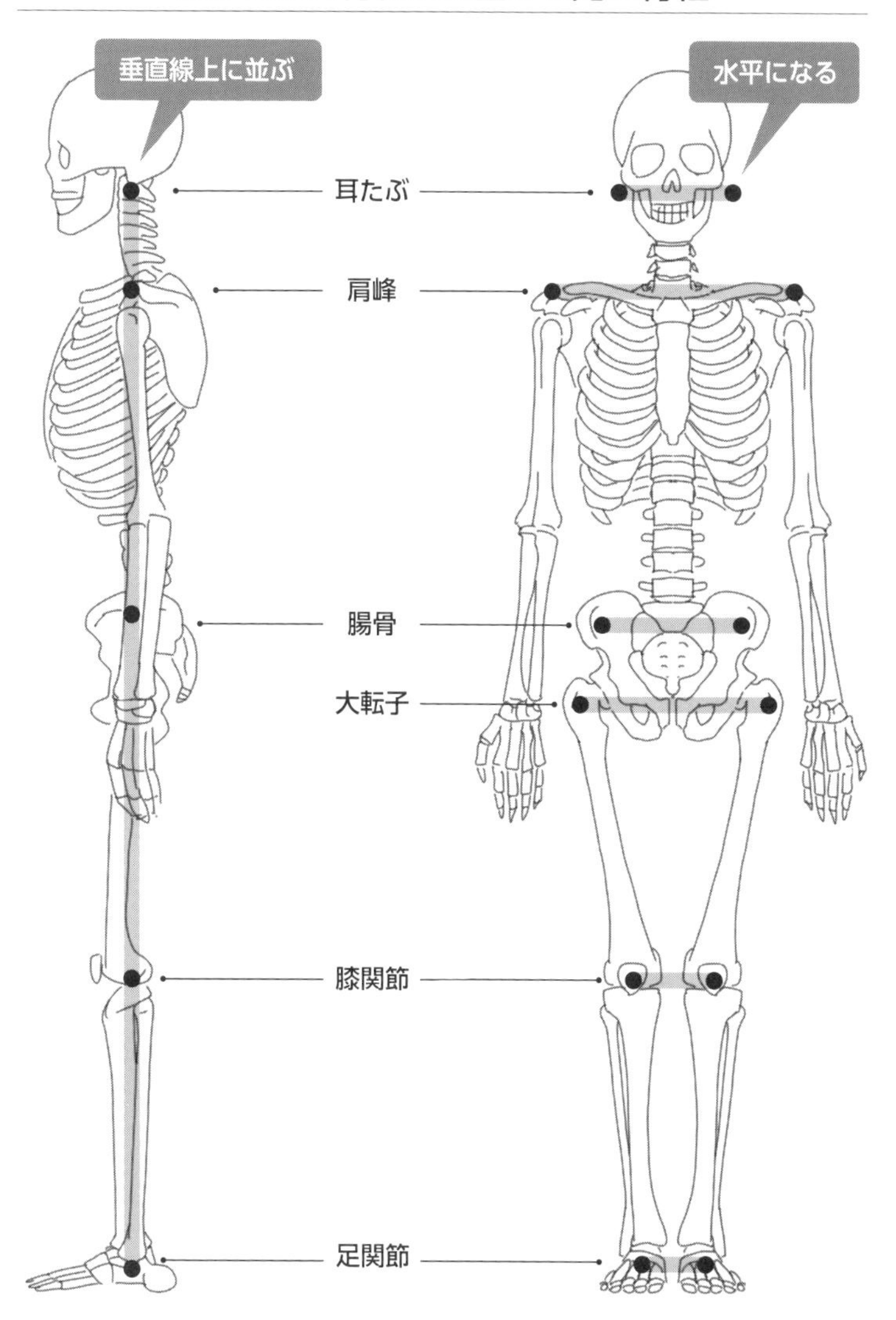

その結果、立位や座った姿勢はもちろん、動きのなかでも体幹を板のようにしっかり保てるようになるのです。

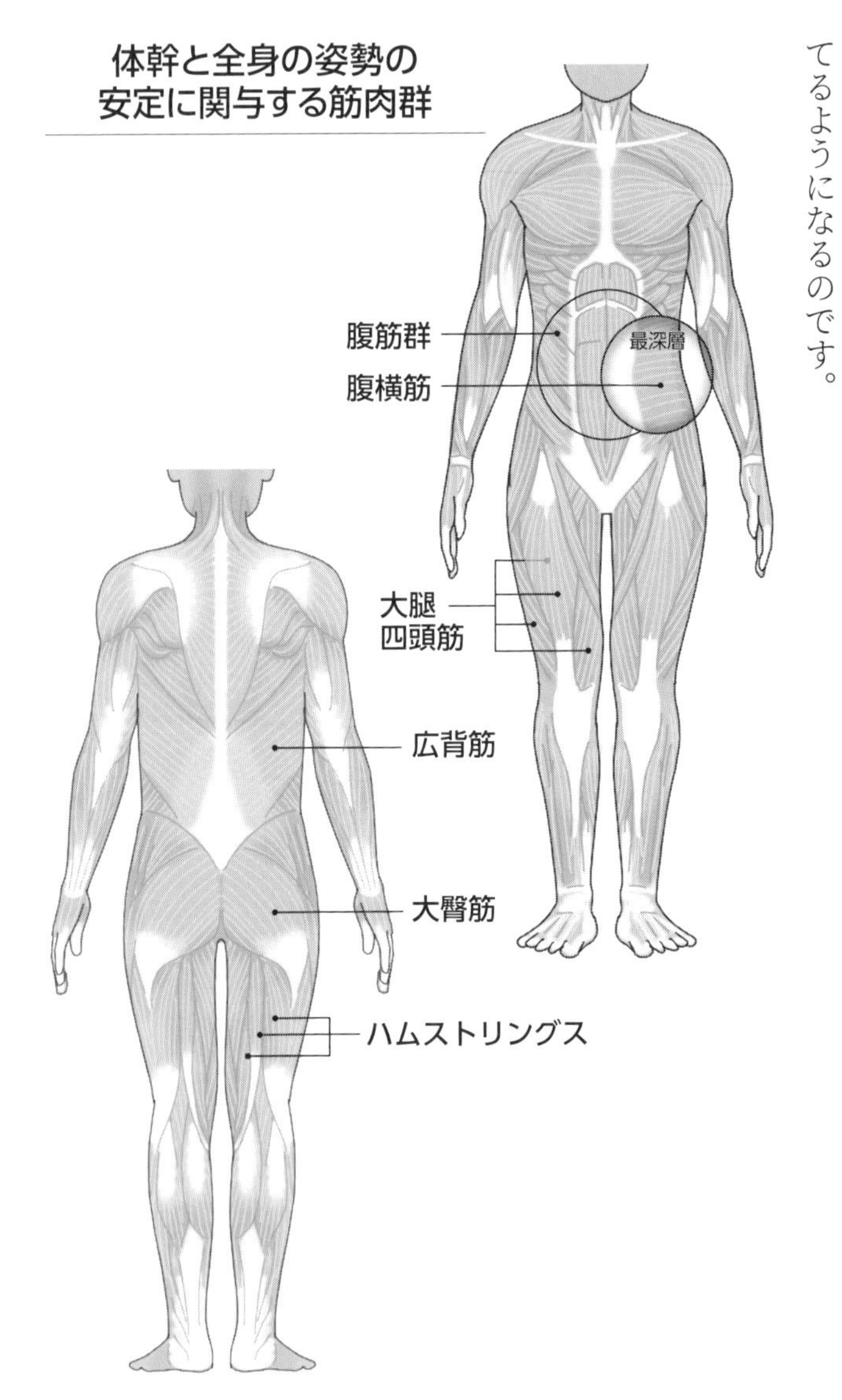

体幹の変化を自覚させる言葉掛けを

プランクがきちんとできるようになると、動きが安定してスムーズになったりパワフルになったりするだけでなくスピーディーさも出てきます。

〝安定〟と〝スピーディー〟というふたつの要素は一見相反するようですが、体幹が安定していると重心移動が上手になり、動きの敏捷性はむしろ増してくるものです。

ただし、体幹の状態について当の本人は自覚していないことがあります。特に自分自身の体の状態へそこまで意識を向けられない小学生のうちはどうしても自覚が薄いので、指導者の側が動きの変化をよく見てあげて、良くなったポイントを言葉でフィードバックするよう心掛けます。

「動きがすばやくなった。体幹が安定してきたようだね」といった言葉掛けひとつで本人も変化を自覚するようになり、トレーニングへのモチベーションが高まります。

体幹は瞬発力にも関係する

体幹はすべてのスポーツで重要ですが、特に柔道やレスリングの寝技、水泳のバタフライなどでは体幹の強さが勝敗に直結します。また、体操競技やボルダリングなどでも、握力や腕力のほかに体幹が重要な働きをしています。

なお、体幹に関係するトレーニングでは腹筋運動の一種「クランチ」も重要で、プランクとはまた違う働きとなります。

クランチは体幹の動的な強化であり、スポーツでは瞬発力に関わってきます。ここで言う瞬発力とは重心移動のすばやさのことで、たとえば、サッカーでフェイントを駆使してドリブルで突破していくときや、野球における盗塁成功率などに直結します。

こうしたすばやさは、やろうとして急に発揮できるものではなく、普段からクランチで体幹を強化しておくことにより、実際の動きのなかで自然に発揮されます。

ストレートネックの予防にも効果的

プランクは健康維持という観点でも大きなメリットがあります。

最近では、会社でのパソコン作業や日常生活でのスマホ操作が長時間に及んだ結果として、猫背の方が増えてきています。猫背は見た目が悪いばかりでなく、胸が圧迫されて呼吸が浅くなり体に十分な酸素を取り入れられません。

また、長時間のパソコン作業やスマホ操作は、頸椎の自然な湾曲がなくなるストレートネックの原因にもなり、肩こりや頭痛のほか頸椎ヘルニアを引き起こすこともあります。

さらに、脳への血行の低下や神経の圧迫により、精神的な不調や内臓の不調を招くという説もあるようです。

そうした症状を予防するには、猫背を改善させて姿勢を正すことが重要で、脊柱を本来の自然なS字湾曲に保つプランクのトレーニングにより、それがより容易になります。

一方、クランチでは体幹の動きに関与する筋肉が強化されるため腰痛の予防につながります。特に、重い荷物を持ち上げる動作が多い方には、クランチで腰痛のリスクを軽減させることをおすすめします。

8つの基本的動き②「スクワット」

プランクがすべての動きの土台とすれば「スクワット」は基礎にあたります。スクワットの動きに関与するのは主に大腿四頭筋、ハムストリングス、臀筋などですが、腰から下の筋肉はすべて関わっていると考えていいでしょう。

スクワットは陸上の短距離走やラグビーでの当たりの強さに直結しますが、要は脚力を用いるスポーツ全般で重要です。また、日常生活ではイスや床に座っているところから立ち上がる動きに関与してきます。

8つの基本的動き③「ランジ」

「ランジ」は片足を大きく前に踏み出してひざを深く曲げる動きのことです。前の足では太ももの前側の大腿四頭筋が、後ろの足では太ももから臀筋にかけての筋肉がこの動きに関与します。

片足を大きく前に踏み出す動きは歩いたり走ったりする動きに関係しており、ランジをトレーニングすると、サッカーやバスケットボール、テニス、ラグビーなど、フットワークが要求されるすべてのスポーツでパフォーマンスの向上につながります。

そうしたスポーツでは、後ろに走るという日常生活ではあまり見られない動きも必要となりますが、ランジの一種「バックステップランジ」によりスムーズな足運びが可能になるでしょう。

フットワークというときには前後方向だけでなく左右方向の移動も含まれますが、そちらは足を大きく真横に踏み出してひざを曲げる「サイドステップランジ」のトレーニングが有効です。

ランジとスクワットはどちらも脚部の動きですが、前者は〝すばやさ〟で後者は〝パワー〟に直結します。

8つの基本的動き④「ヒンジ」

「ヒンジ」は蝶番（ちょうつがい）という意味で、股関節の屈曲を繰り返す動きのことです。まっすぐ立っている状態から上体を前傾させ、臀部を後ろに大きく突き出す動きと表現したほうが分かりやすいかもしれません。

ヒンジでは股関節を大きく動かす一方、膝関節は最小限の動きにとどめます。また、脊柱のS字カーブを保持したまま動くので、先に挙げたプランクとしての働きもあります。そこで、これをムービングプランク（動きを伴うプランク）と考えてもいいでしょう。

あいさつの姿勢にも似ていることから「モーニング」とも呼ばれています。

スポーツではジャンプの動きがこのヒンジに直結します。

ジャンプの動きでは、急激に伸ばされた筋肉が反射的に収縮する伸張反射の働きを利用して高く跳ぶ技術があります。すばやくしゃがんだときの伸張反射に合わせてジャンプするのですが、これを成功させるにはすばやい切り返し動作が必要で、ヒンジのトレーニングにより、それがスムーズに行えるようになります。

日常生活においてデスクワークの多い方にもヒンジはおすすめです。長時間座っていると股関節が圧迫され骨盤を垂直に立てておきにくくなり、腰が丸まった結果、負担が増して腰痛の発症につながります。

現代人の多くは長時間の座位を強いられていますが、ヒンジのトレーニングは骨盤と脊柱の状態を本来あるべき正常な位置に保つ助けとなり、座りっぱなしによる弊害を緩和します。

8つの基本的動き⑤「ローテーション」

「ローテーション」とは腰の回旋のことで、下半身からの力を上半身に伝える際に重要な働きをしています。特に、野球のピッチングやバッティング、ゴルフのスイング、柔道の背負い投げなどがローテーションに直結する動きです。

たとえば、野球のピッチングでは、踏み込んだ力を腰のローテーションを介して上半身へ伝えています。

ただし、このときの足の形はランジに近いため、そちらのトレーニングも重要です。ま

腹斜筋の役割

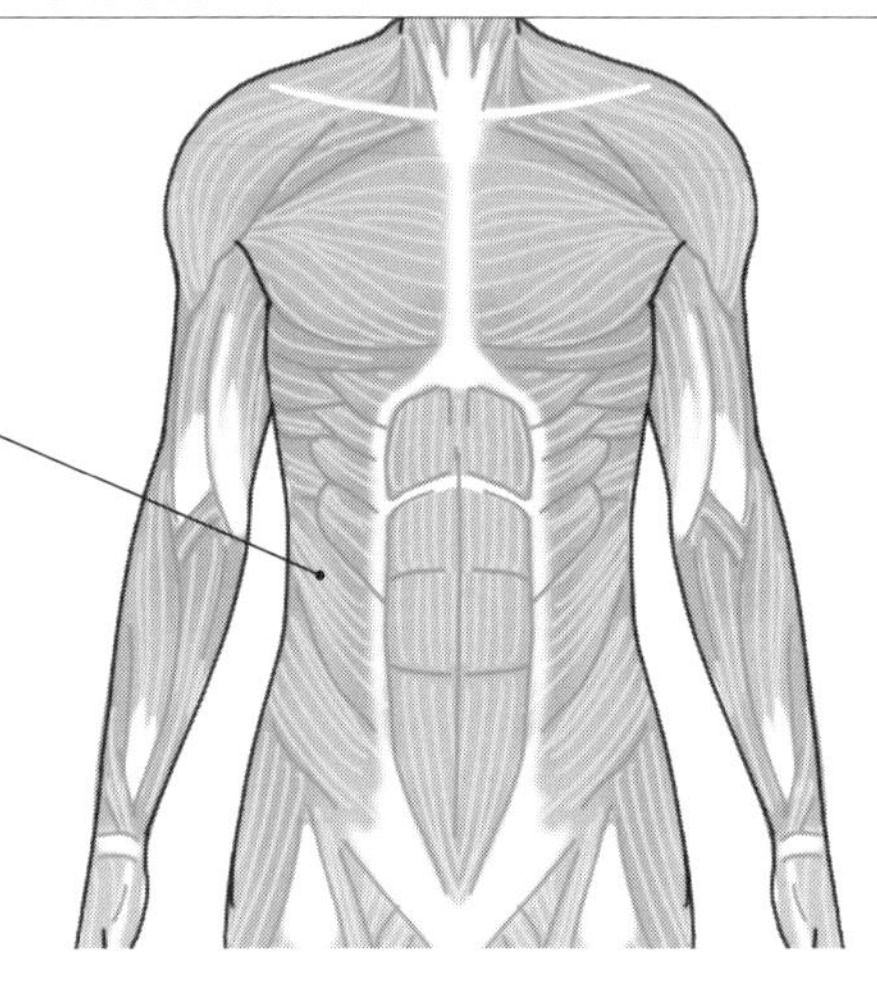

た、上半身の動き「プル」「プッシュ」も投球動作に直結しており、結局のところ「8つの基本的動き」のほとんどが関与します。この場合、ローテーションは全身の動きを連動させる要（かなめ）として機能します。〝腰は要〟ということです。

一方、柔道の背負い投げでは体をひねりながら相手の懐に入り、スクワットの動きで相手の体を持ち上げて投げます。そこで、背負い投げがうまくできない場合は、ローテーションとスクワットに重点を置いてトレーニングすると動きが見違えて良くなります。

そして、ローテーションもまた腰痛予防に効果的です。

スポーツ障害としての腰痛の多くは、腰を

回旋させる筋肉を十分発達させないまま、勢いだけで動かしてしまったことが原因で生じます。ローテーションで主に強化されるのは脇腹の腹斜筋（前ページのイラスト参照）で、ここがしっかり強化されていると腰椎を守る鎧（よろい）のような働きとなり、腰痛を予防してくれます。

8つの基本的動き⑥「プッシュ」

「プッシュ」とは押す動きのことで、いわゆる腕立て伏せにあたります。

腕立て伏せはほとんどの方がすでに行っていると思いますが、それを機能的な動きとして意識的に行うとパフォーマンスの向上につながります。漫然と行っている腕立て伏せとファンクショナルトレーニングとしてのプッシュは別物であり、そこから得られる成果には大きな差があるのです。

プッシュは物体を体から遠ざける動きともいえ、スポーツだけでなく日常生活でもよく行われています。一見すると腕の動きのようですが、ファンクショナルトレーニングとして行う場合は、大胸筋で押す意識を持つことがポイントとなります。

この動きを効果的かつ確実に行うには体幹の安定性も重要で、それを土台として肩甲帯から上腕にかけて動きを連動させる必要があります。肩甲帯とは肩甲骨や鎖骨、胸骨、肋骨、上腕骨などで構成される肩を動かす仕組みのことです。

また、トレーニングとしてのプッシュは地面や床に手をついて行いますが、競技におけるプッシュは立位で行われることが多く、その際には下半身からの力が体幹を通して肩甲帯へ伝わる必要があります。そのときに重要なのが脊柱を安定させる広背筋が活性化していることです。

ここでいう活性化とは、筋肉が適度な緊張を保っていて即座の動きに対応できる状態と考えてください。

特に、押す対象物に体重をかけるようにしてプッシュする場合、広背筋を活性化させて脊柱や骨盤をしっかり安定させる必要があります。これは両手で押す場合も片手で押す場合も同じですが、その際に脇を締めるようにして肩関節をやや外旋させると広背筋の活性化が促されます。

一方、格闘技などで見られるすばやいパンチでは前鋸筋(ぜんきょきん)を活性化させる必要があり、片手でパンチする場合は、脊柱と股関節のダイナミックな動きも求められます。その際、肩

「プッシュ」に有効な広背筋と前鋸筋の活性化

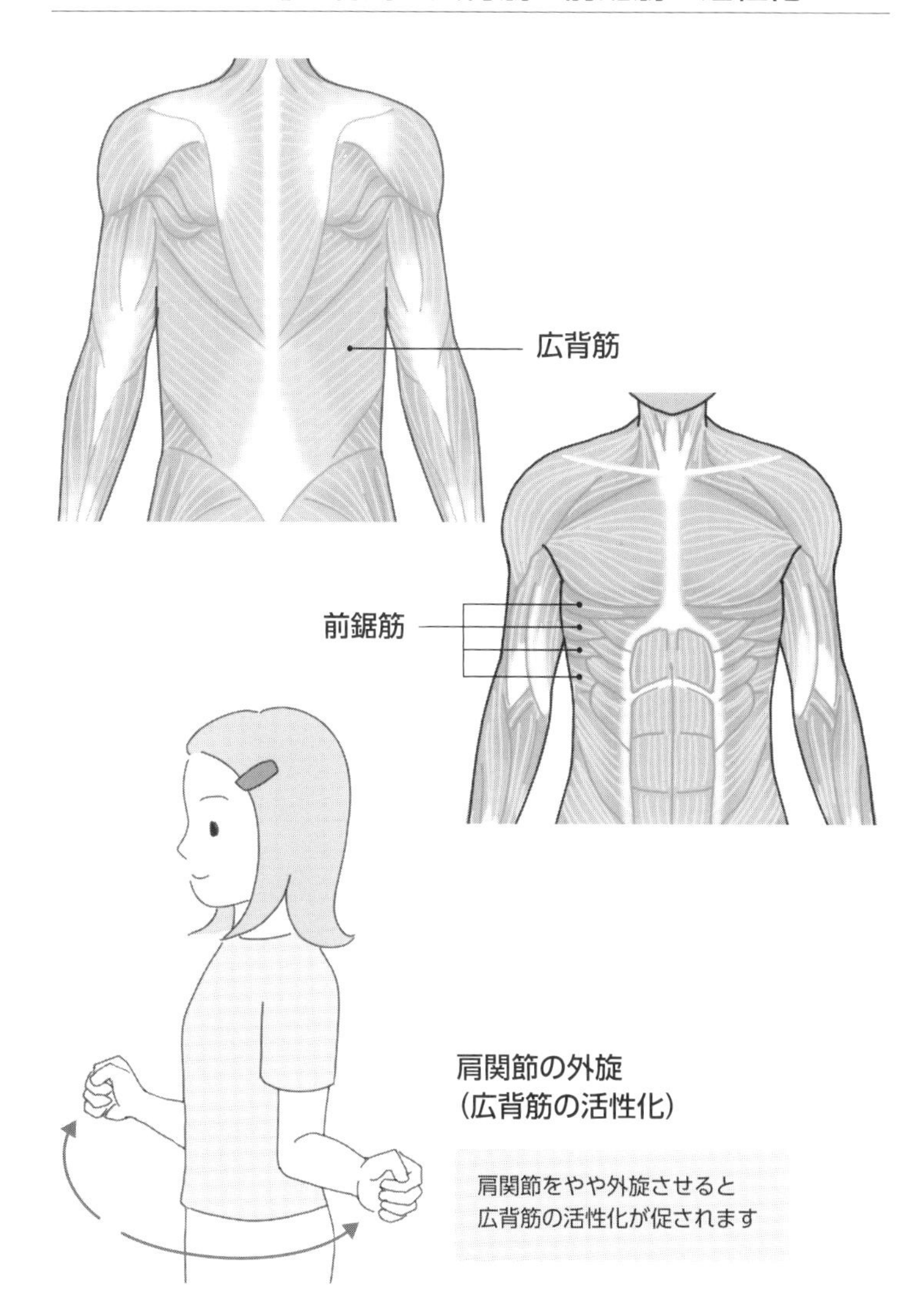

甲帯が外転して肩が前に移動するとプッシュの可動域が大きくなり〝伸びるパンチ〟となります。

ファンクショナルトレーニングとしてのプッシュはプッシュアップといい、腕立て伏せに似てはいても実は習得が難しいものです。それは、学校の体育で習った腕立て伏せの癖がなかなか抜けないからです。

体育の腕立て伏せを見ていると、腕の筋肉、特に上腕三頭筋にしか効いていないと思われ、これではスポーツのパフォーマンス向上にはつながりません。

8つの基本的動き⑦「プル」

「プル」は引く動き、物体を体のほうへ近づける動きのことです。これもプッシュと同様、スポーツや日常生活のなかでよく行われています。

強いプルには、肩甲帯、肩関節、肘関節の連動が不可欠で、そのとき臀筋とハムストリングスが同時に収縮して股関節が伸展すると、さらに力強いプルとなります。

プルのトレーニングとしてはマシンローイングやダンベルを使ったローイング（ボート

「プル」に不可欠な筋肉と股関節の動き

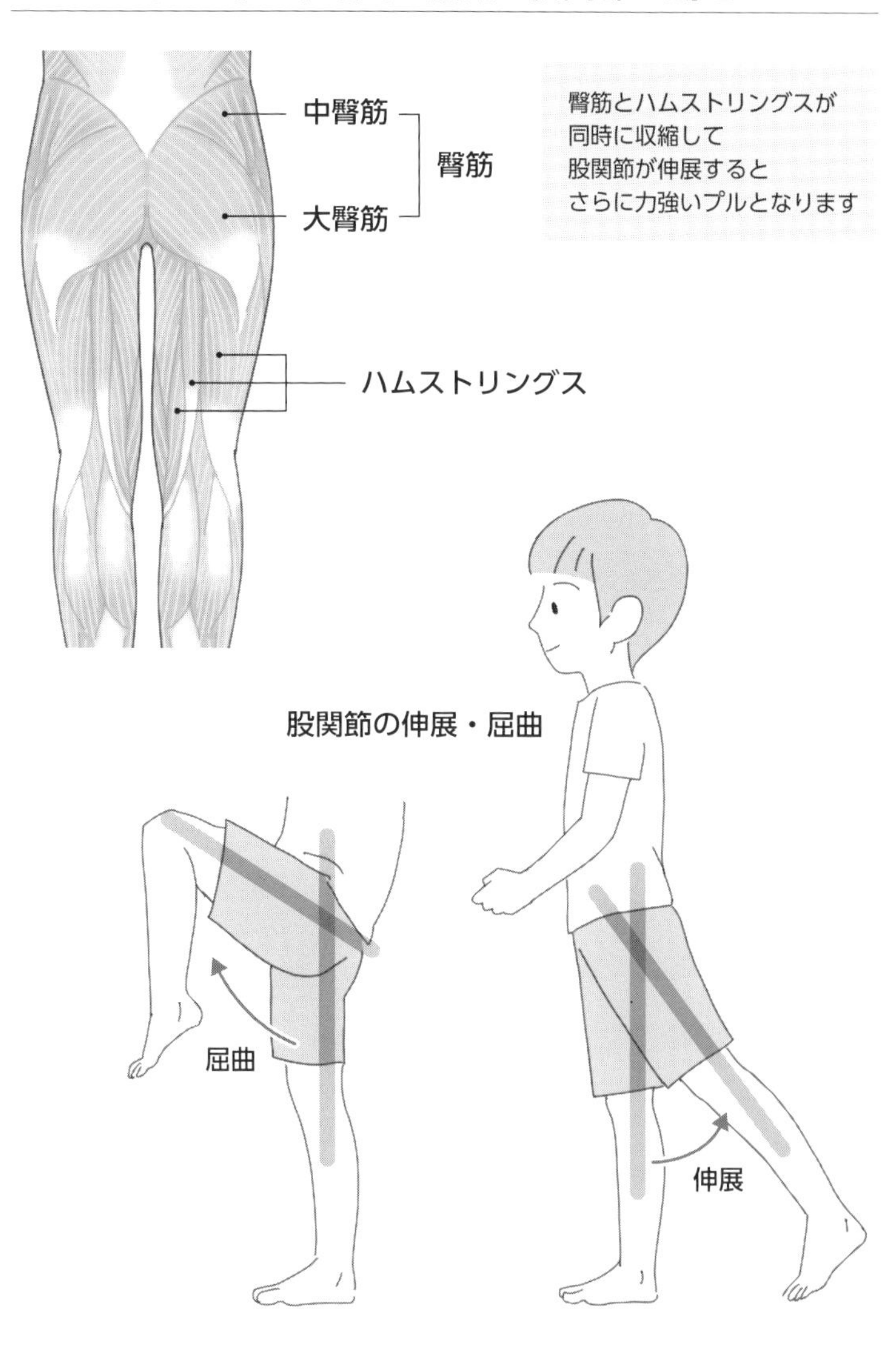

漕ぎ運動）が一般的ですが、それらは股関節が屈曲位にあり、全身を連動させた動きの訓練にはなりません。

スポーツのパフォーマンス向上を図るなら、股関節を伸展させた状態で行うファンクショナルトレーニングのプルにより全身を連動させるコツを身に付けるべきでしょう。

肩甲帯の動きが少ないと腕だけで引いてしまいやすいので、その点も注意が必要です。腕だけで引くと、腕が肩に付いているあたり（上腕骨骨頭）が前に突き出して背中が丸くなるので、指導者はそうした点をチェックして動きを修正します。

8つの基本的動き⑧「キャッチ」

「キャッチ」はつかむ動きのことで握力と言ってもいいでしょう。

ここに挙げた「8つの基本的動き」のなかでは重要性が比較的低いものですが、あえて入れたのは、今の子どもの多くが懸垂（けんすい）ができないからです。握力がなくてできないのです。

16歳男子を例に挙げると、1985年頃に平均で約44キロだったものが2017年には約40キロまで落ちています。一方、16歳女子では1985年頃に約29キロだったものが2

017年には約27キロまで落ちています。明らかに子どもたちの握力は低下しているのです。

そうした握力の低下傾向があるため、ファンクショナルトレーニングのキャッチは、ボールなどをキャッチする動きのほか、鉄棒をつかむ、砲丸をつかむ、柔道着をつかむ、ボルダリングのホールドをつかむ……など、〝つかむ動き〟を伴うすべてのスポーツのパフォーマンス向上に寄与することになります。

さらに、手と脳は密接に関係していると言われることから、このキャッチが記憶力の向上に寄与する可能性もあります。

「8つの基本的動き」がすべての土台

スポーツのパフォーマンス向上を図る場合、指導者はどうしてもその競技における動作をメインに練習させたくなりますが、まずは本書で紹介する「8つの基本的動き」から始めたほうが効果的です。

最初に「8つの基本的動き」により、スポーツで必要な基本的な動きについて機能性を

「8つの基本的動き」がすべての土台になる

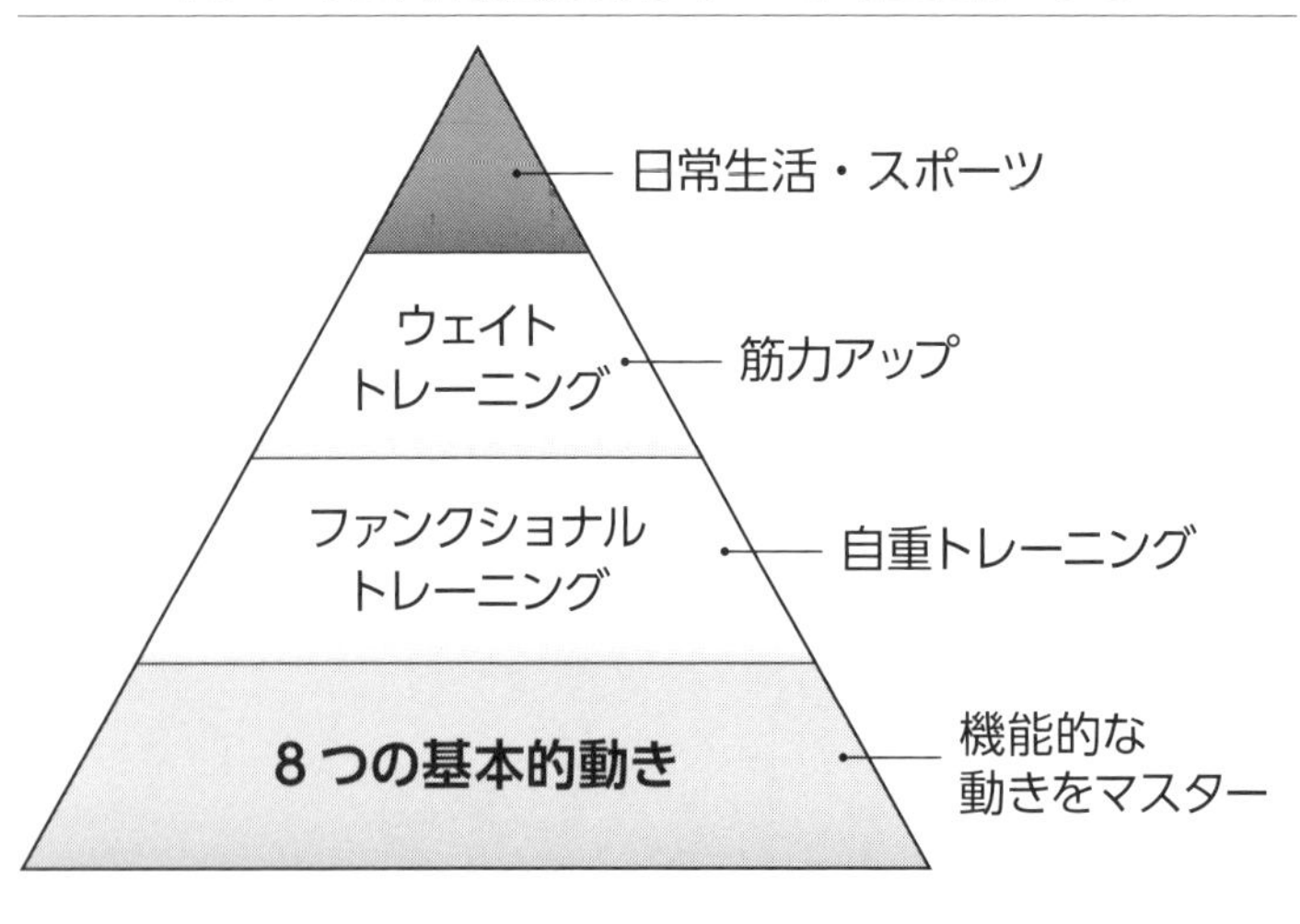

高め、次に複数の動きを組み合わせたりゴムチューブなどで負荷をかけたりする、より本格的なファンクショナルトレーニングに取り組ませます。ここまでは基本的に自重によるトレーニングです。

そのようにして機能的な動きができるようになったら、ウェイトトレーニングで筋力アップを図ります。機能的な動きができると筋肉のパワーを余すところなく発揮しやすくなり、より効果的な筋力アップを図れます。

ここまで行った上で最終的に、競技に直結する動きを練習させたりプレー技術を指導したりすることで、選手たちのパフォーマンスはこれまでになく向上するでしょう。

こうした段階的なトレーニングの組み立て

を模式図にすると前ページの図のようになります。

子どもの体格向上に効果的なBFRトレーニング

ファンクショナルトレーニングを軸とした一連のトレーニングによって機能的な動きが身に付くと、小柄な体でも高いパフォーマンスを発揮できるようになります。とは言え、多くのスポーツで体格の良さが有利に働くのは確かで、特に成長期の子どもにおいては積極的に体格向上を図りたいものです。

そこでおすすめしたいのが、アメリカの大リーグ選手のほか、さまざまなジャンルのアスリートが実践するBFRトレーニングです。

BFR（Blood Flow Restriction）とは「血流制限」の意味で、端的に説明すると、定められた腕の付け根と脚の付け根をベルトで巻いて、血流を制限した状態でトレーニングを行うというもの。

自重など軽い負荷で週に2〜3回、1回5〜10分ほどのトレーニングで、重い負荷を使ったときと同じかそれ以上の効果が期待されるため、関節に負担をかけることなく子どもから高齢者まで安全にトレーニングを行えます。もちろんケガのリハビリにも有益です。

この種のトレーニングを耳にしたことのある方は「成長ホルモンの分泌を促して筋肉を大きくするトレーニング」として理解しているかもしれませんが、それとは少し違います。

BFRトレーニングで効果的に筋肉を大きくできるのは確かですが、それは成長ホルモンによるものではなく、細胞内のシグナル伝達に関係するｍＴＯＲというタンパク質の一種と、筋肉の成長を抑制するミオスタチンという物質に関係しています。BFRトレーニングでは、それらの物質をコントロールして効率よく筋肉を大きくしていくのです。

その一方、BFRトレーニングでは血流制限の方法とトレーニング内容を変えることで成長ホルモンの分泌を促すことも可能です。

成長ホルモンには脂肪の分解やコラーゲンの合成などの働きがあるため、その分泌が促されることでダイエット効果やアンチエイジング効果を得られます。

また、BFRトレーニングは成長期の子どもにおいては、成長ホルモンの分泌を促し、身長を伸ばすのに効果的です。私が子どもにもBFRトレーニングをすすめるのはそれが理由です。小・中学生からこれを始めておくと、身長が伸びる可能性が高くなると考えていいでしょう。

BFRトレーニングを学ぶには?

子どものうちに筋肉を付けすぎると身長が伸びないとも言われますが、BFRトレーニングでは、筋肉を大きくする場合と成長ホルモンの分泌を促す場合で血流制限のやりかたやトレーニング方法が異なっているので、筋肉を付けすぎることなく成長ホルモンの分泌を促せます。

私の住む沖縄では子どもの平均身長が他都道府県と比べて低いので、地元でもこれを普及させていきたいものです。

BFRトレーニングの安全性は、類似のトレーニングと比較して非常に高いと言えますが、それでも独学で行うとベルトを締め付けすぎて内出血を起こしたり、あまり効果があがらなかったりします。

トレーニングに用いるベルトは一般に小売されておらず、BFRトレーナーから購入する形となるので、初めての方はその際に使い方の指導を受けましょう。BFRトレーナーズ協会で最寄りのBFRトレーナーに関する情報を得られます。

独学で始めたトレーニングでパワーリフティング大会に優勝

ここまで説明してきたように、ファンクショナルトレーニングでは自重による負荷を基本としています。それはウェイトトレーニングを否定しているのではなく、まず機能的な体の動きを覚えてからウェイトを導入したほうが、パフォーマンス向上には効果的だからです。

その逆に、機能的な動きができていないままウェイトトレーニングに取り組んでしまうと、パフォーマンス向上になかなかつながりません。それは、第1章で紹介した読谷高校ラグビー部の例でも明らかでしょう。

そうした考え方にもとづくファンクショナルトレーニングとBFRトレーニングを二本柱とした上で、自身の経験にもとづく技術や指導法を加えたものが、私が子どもたちに指導している内容となります。

本章の最後に、私がその指導内容にたどりついた経緯について紹介しておきましょう。

今の姿からは想像もつかないと思いますが、もともとやせ型だった私は18歳の頃に「体

ボディビル大会で入賞した頃の著者

を大きくしたい」と思い立ちました。
　それまでも卓球や草野球など多少スポーツをかじってはいましたが、トレーニングといえることは未経験。なにから始めていいか分からず時が過ぎていき、トレーニングジムに通い始めて本格的なトレーニングに取り組んだのはやっと27歳の頃でした。
　しかし、当時のジムではトレーナーは付いてくれず、自力での情報収集も難しかったため、一緒にトレーニングするパートナーと試行錯誤しながら取り組む日々が続きました。
　そのうちに自分の変化を実感したいと思いパワーリフティングの大会に出てみたところ、二つの大会で入賞。２００６年には、地元・沖縄の米軍基地で開催されたパワーリフティング75キロ級で米軍人も交じるなか優勝を勝ち取りました。

さらに、2007年にはやはり米軍基地で開催されたストロングマンコンテストに出場してライト級で優勝。ストロングマンコンテストというのは、車を引っ張ったり大きなタイヤを持ち上げたりする〝力自慢大会〟のようなものです。

その後、ボディビルにも興味を持った私は、トレーニングパートナーと一緒に大会を目指すようになり、2007年に米軍基地のボディビル大会でバンタム級5位、2013年には3位、2016年には2位を獲得。国内ボディビル団体の大会では2007年に新人の部で2位を獲得しました。

ケガをきっかけに専門的な学びが始まった

さまざまな大会に出場するなかで、重いウェイトを扱うことに伴うケガもありました。体をケアするために受けた整体がきっかけで自分でも整体や解剖学を学ぶことになり、さらにウェイトトレーニング、ファンクショナルトレーニング、BFRトレーニング、ヨガなどの指導者資格を修得。また、「体づくりの基本は食から」ということでスポーツのための食事法も学ぶことになったのです。

トレーナーの協会に所属してからは全国とのつながりで最先端の情報が入るようになり、それまでの経験や学びと合わせてトレーニング指導のスタイルを確立。まずパーソナルジムを開設しますが、ひととおりの指導を終えた方がトレーニングを継続するための場が必要と考え、24時間営業のトレーニングジムの立ち上げに至りました。

そのように多種多様なトレーニングを学んできたこともあり、今ではどんなジャンルのスポーツでもパフォーマンス向上に直結する指導ができると自負しています。

また、整体を通して骨格や筋肉の動きを深く理解し、ヨガを通して動的ストレッチを学んだことにより、骨折以外のスポーツ障害のほとんどに対処できます。スポーツで直面する課題や問題に対してトータルにサポートできると言っていいでしょう。

機能的な動きを理解して行うトレーニングは効果が違う

私が指導するパーソナルトレーニングについても少し説明しておきます。

パーソナルトレーニングではまず、トレーニング経験のない方には基本的な動きの説明から始めます。説明をしながら動的ストレッチで動きの確認をしておき、その後に自重を負荷としたファンクショナルトレーニングで機能的な動きを身に付けてもらいます。そして、最後にBFRトレーニングを行ってもらい、一連のトレーニングは終了です。

文章にするとシンプルですが、これによりスポーツのパフォーマンスは大きく向上します。また、ダイエット目的の場合は95%の方がやせることに成功しています。

一方、ある程度のトレーニング経験がある方を指導する場合は、まずこれまでやってきたトレーニングの動きを実際に行ってもらいます。そして、その動きを完全に否定したりはせず、ファンクショナルトレーニングにもとづいて動きかたを少し変えてもらいます。たったこれだけのことでトレーニングの成果が段違いに向上するのです。

本書を手にした方にもトレーニング経験者が多いでしょう。そういう方は「8つの基本的動き」のほとんどをすでに実践していたり、あるいは指導していたりするかもしれません。

しかし、形だけなぞるように行うのと、機能的な動きを理解して行うのとではトレーニング効果はまったく違ってきます。少し実践しただけでもその違いを実感できるので、スポーツ指導者はぜひ自身の体で確認してみてください。そして、効果に納得できたなら強い選手を育てるための強力な武器として活用していただきたいと思います。

どんなスポーツでもすべての基本は「体のホントの使い方」としての機能的な動きにあります。まずそこができていないと、どんなにウェイトトレーニングを頑張ってもパフォーマンスは向上せず、体が思うように動いてくれないので競技そのものも楽しめません。

次の第4章では「8つの基本的動き」のそれぞれについて、具体的な方法を詳しく紹介しましょう。

第4章

「8つの基本的動き」で体が劇的に変わる

スポーツのパフォーマンスを劇的に向上させる8つの動き

この章では、ファンクショナルトレーニングにもとづく「8つの基本的動き」についてそれぞれの詳細を解説します。また、アレンジのバリエーションや指導時の要点についても説明していきましょう。

スポーツの種類によって求められる体の動きは異なりますが、パフォーマンスに直結するのは次の4点です。

① しっかり安定した体幹
② 力強くフットワークの良い下肢
③ つかんだ物を強く引き寄せる、あるいは押し離す上肢の能力
④ 下半身と上半身をつなぐパワフルな腰のひねり

これらはここで紹介する「8つの基本的動き」で強化でき、それによってどんなスポー

ツであれパフォーマンスは確実に向上します。

競技内容に応じて「8つの基本的動き」のなかで重点的に強化するものを絞り込んでもいいのですが、まずは8つすべてにバランスよく取り組んでいくことをおすすめします。

8つの基本的動き  「プランク」

《動きの概要》

プランクは「板」の意味で、前章で説明したとおり脊柱の自然なS字湾曲を保ったまま体幹（コア）を板のように安定させることを指しています。これ自体は静的なトレーニングですが、すべての動きの土台となるためどんなスポーツであれ最重視すべきです。

プランクでは決められた姿勢を一定の秒数だけ保持します。「分」でなく「秒」でいいのかと思うかもしれませんが、正しく行われると大人でも30秒ほどできつくなってくるものです。

正しいプランクの姿勢を維持できるのは通常10秒ほどであり、分単位の長さになると効かせるべき筋肉以外で支えてしまい、体幹のトレーニングになりません。

正しい姿勢による短時間のプランクを繰り返し行い、体幹の筋肉群が活性化された状態をパターン化させて体に覚え込ませるのが主な目的なので、小学生で約15秒、中学生以降でも約30秒で十分です。

ここでは、3種のプランク「プローンプランク（フロントプランク）」「サイドプランク」「スパインプランク（バックプランク）」を紹介しましょう。

プローンプランク（フロントプランク）

プローン（Prone）とはうつ伏せのこと。私は小・中学生にも分かりやすいように「フロントプランク」と呼んでいます。

プローンプランクではうつ伏せに横たわった状態からひじとつま先だけで体を持ち上げ、頭から肩、腰、足首まで1枚の板のように保持します。これが正しく行われると体幹のなかでも特に下腹部・臀部が強化されます。

① 両ひじを肩の真横の床に付けて、うつ伏せになる
② ひじとつま先で支えて全身を浮かせる

プローンプランク（フロントプランク）

① 両ひじを肩の真横の床に付けて、うつ伏せになる

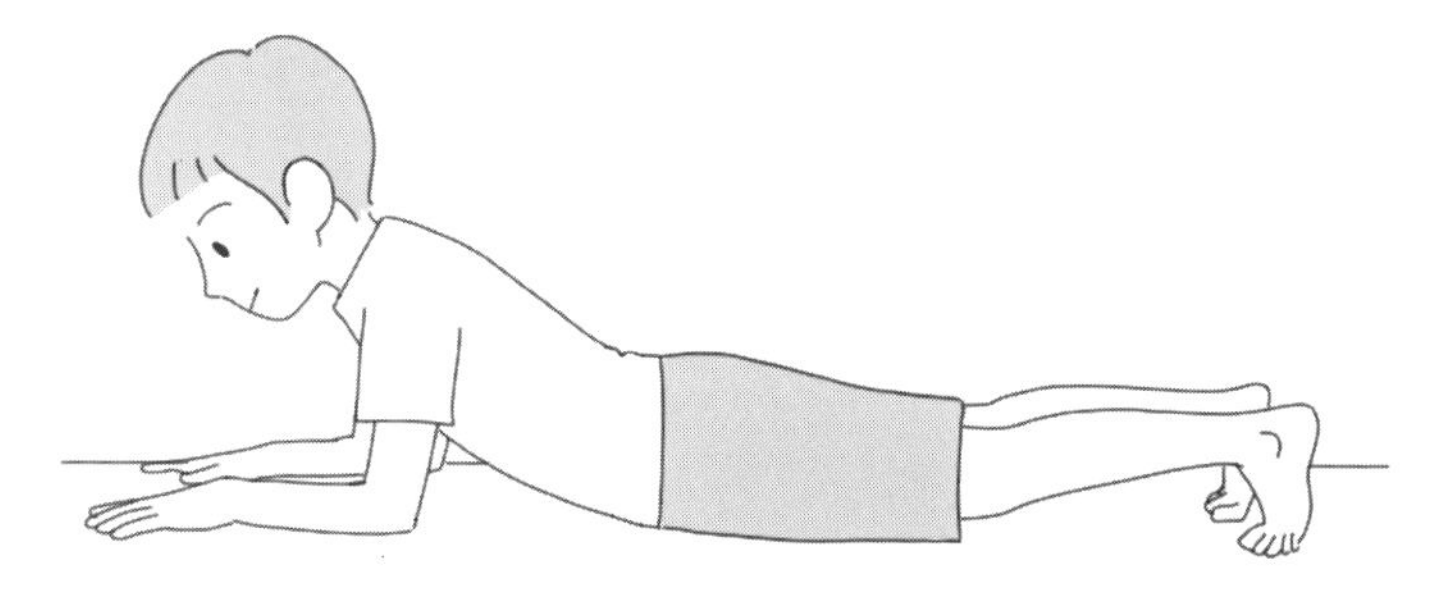

② ひじとつま先で支えて全身を浮かせる

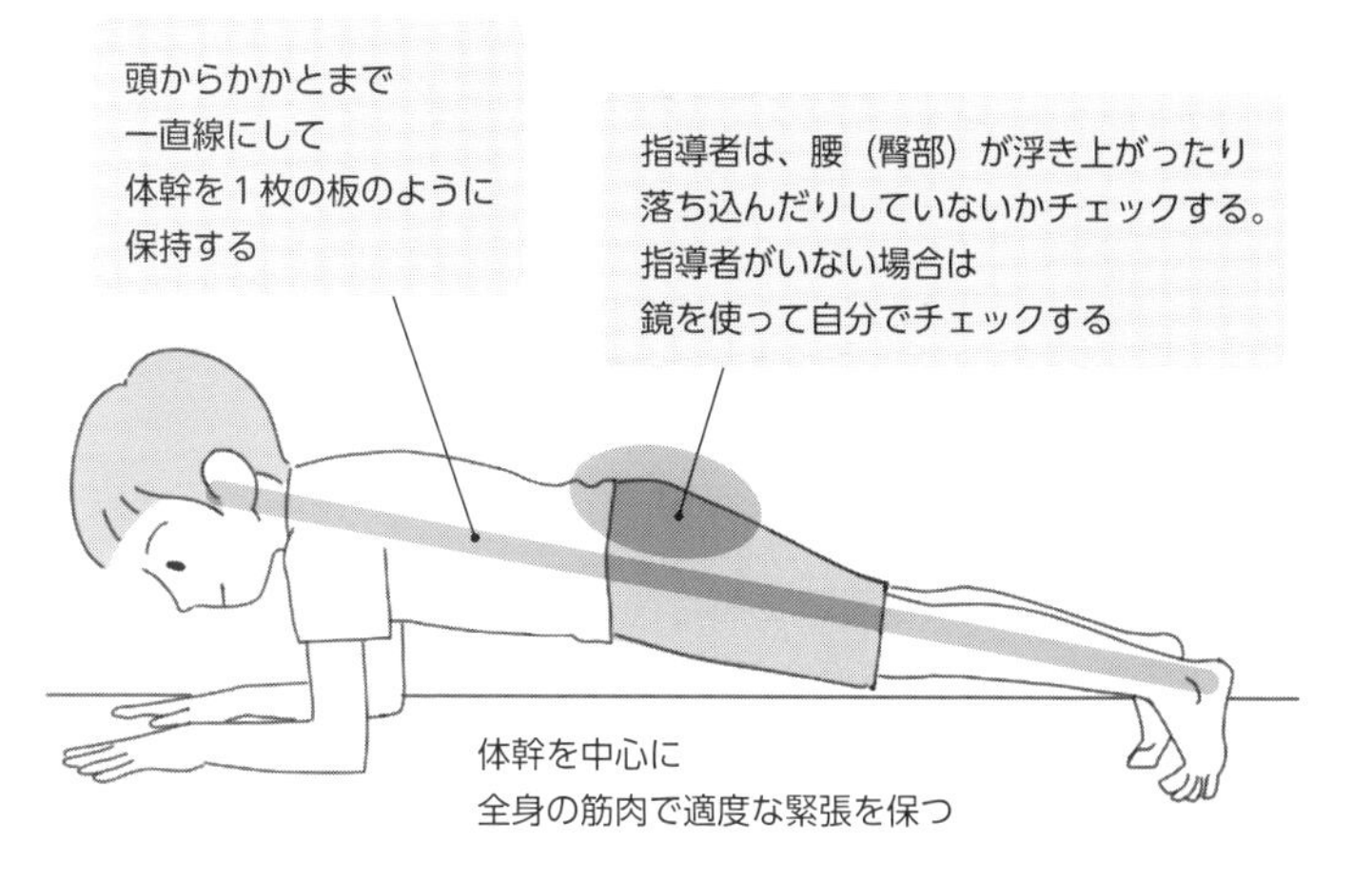

③ この姿勢を 15 ～ 30 秒間保持した後、もとのうつ伏せに戻る

④ 1日3～5セットを目安にこれを行う

③この姿勢を15～30秒間保持した後、もとのうつ伏せに戻る
④1日3～5セットを目安にこれを行う

サイドプランク

サイドプランクは横向きに寝たところから、頭から腰にかけて1枚の板のように保持したまま体をひじで支えて持ち上げます。正しく行われると体幹のなかでも特に腹斜筋が強化されます。

①脚を伸ばして横向きに寝る
②下側のひじで支えて上体を持ち上げる。このとき肩の真下にひじが来るようにする
③もう一方の手で支えながら下半身も持ち上げ、頭から腰にかけて1枚の板のように保持する。このとき上側の手は骨盤に添える
④③の姿勢を15～30秒間保持した後、もとの姿勢に戻る
⑤1日3～5セットを目安にこれを行う

サイドプランク

① 脚を伸ばして横向きに寝る

② 下側のひじで支えて上体を持ち上げる。このとき肩の真下にひじが来るようにする

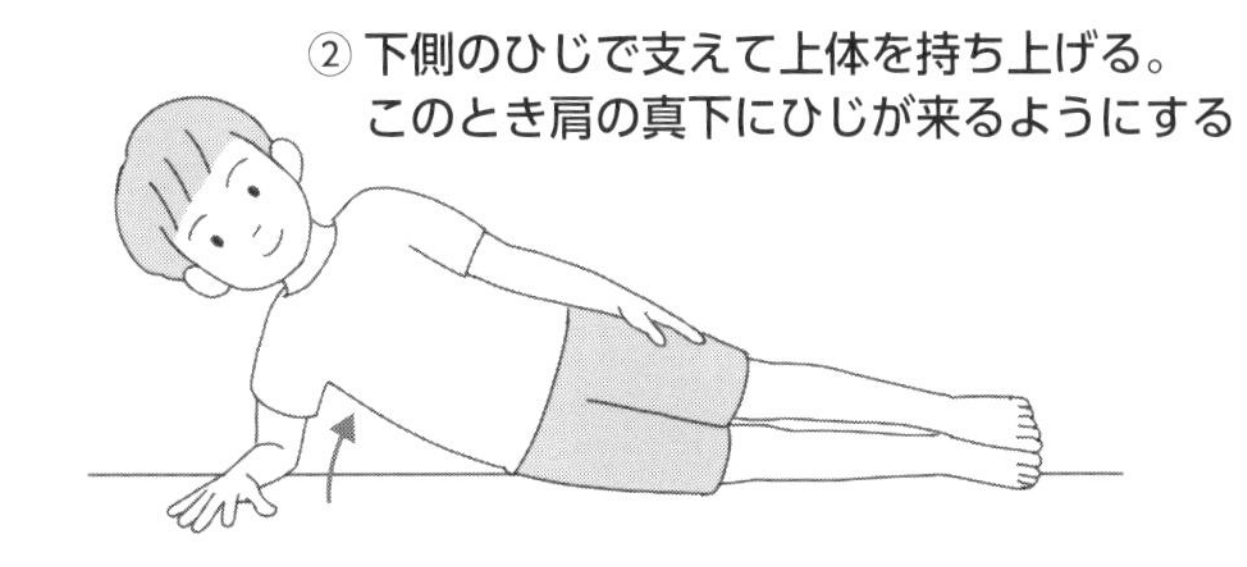

③ もう一方の手で支えながら下半身も持ち上げ、頭から腰にかけて1枚の板のように保持する。このとき上側の手は骨盤に添える

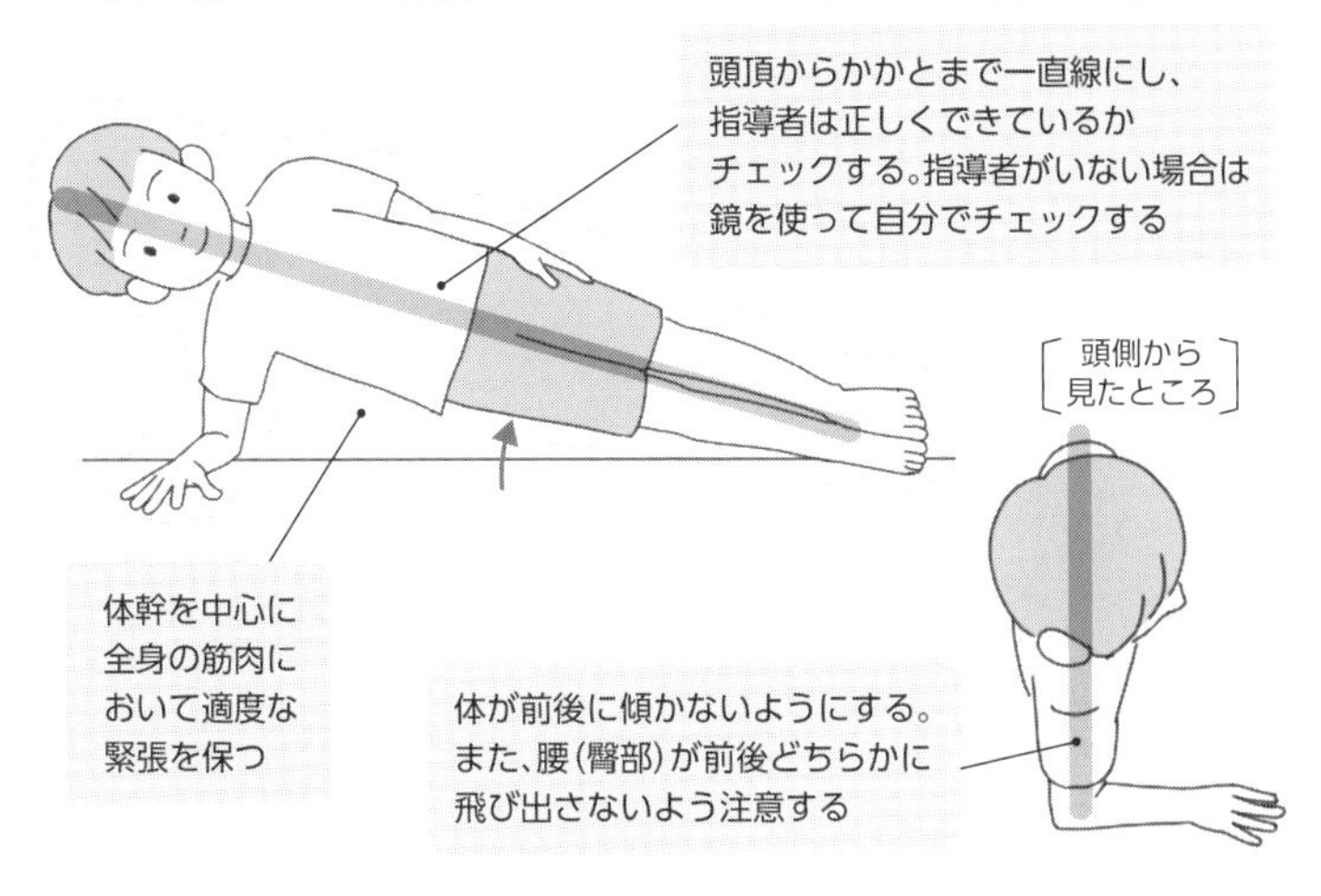

④ ③の姿勢を15〜30秒間保持した後、もとの姿勢に戻る

⑤ 1日3〜5セットを目安にこれを行う

スパインプランク（バックプランク）

スパイン（Ｓｐｉｎｅ）とは脊柱のことで「バックプランク」とも言います。ほかの名称で紹介されることもありますが、私はプランクの一種と捉えてこの名称を用いています。

スパインプランクでは仰向けの状態から肩と足で支えて体を持ち上げ、肩－腰－ひざまでを1枚の板のように保持します。これが正しく行われると、体幹と同時に体幹の強さに関係する臀筋やハムストリングスも強化されます。

① 仰向けに寝てひざを曲げて立てる。足は肩幅、両腕は体の横で床に置く
② 床に付けた肩と腕、足で体を支えて腰を持ち上げる
③ 15～30秒間保持した後、もとの姿勢に戻る
④ 1日3～5セットを目安にこれを行う

《動きの解説》

簡単そうに見えて意外と難しいのがこのプランクです。プローンプランク（フロントプ

スパインプランク（バックプランク）

① 仰向けに寝てひざを曲げて立てる。
足は肩幅、両腕は体の横で床に置く

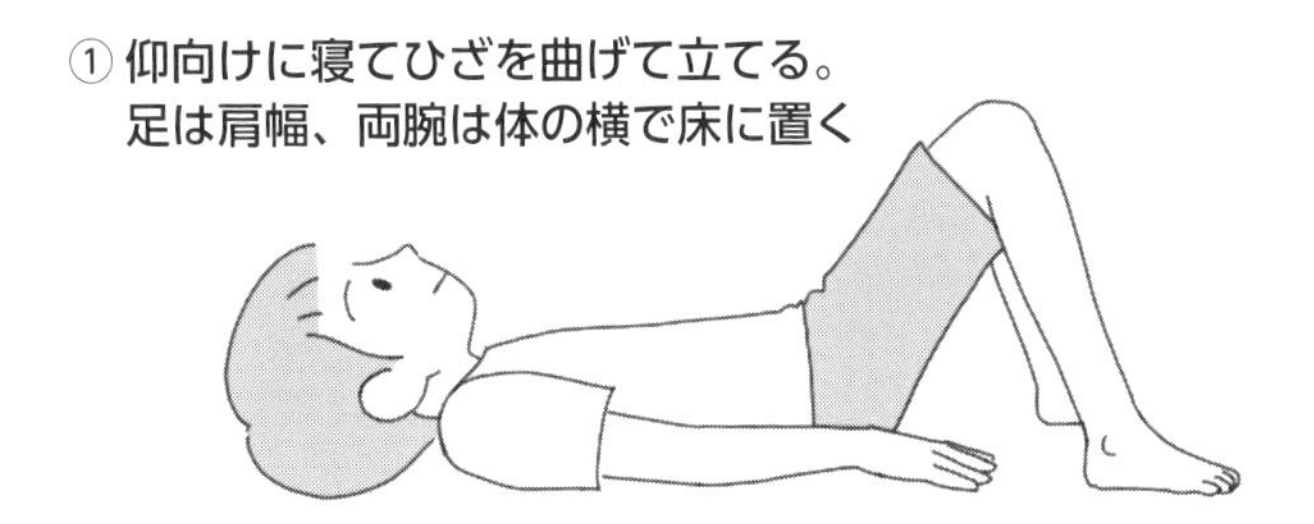

② 床に付けた肩と腕、足で体を支えて腰を持ち上げる

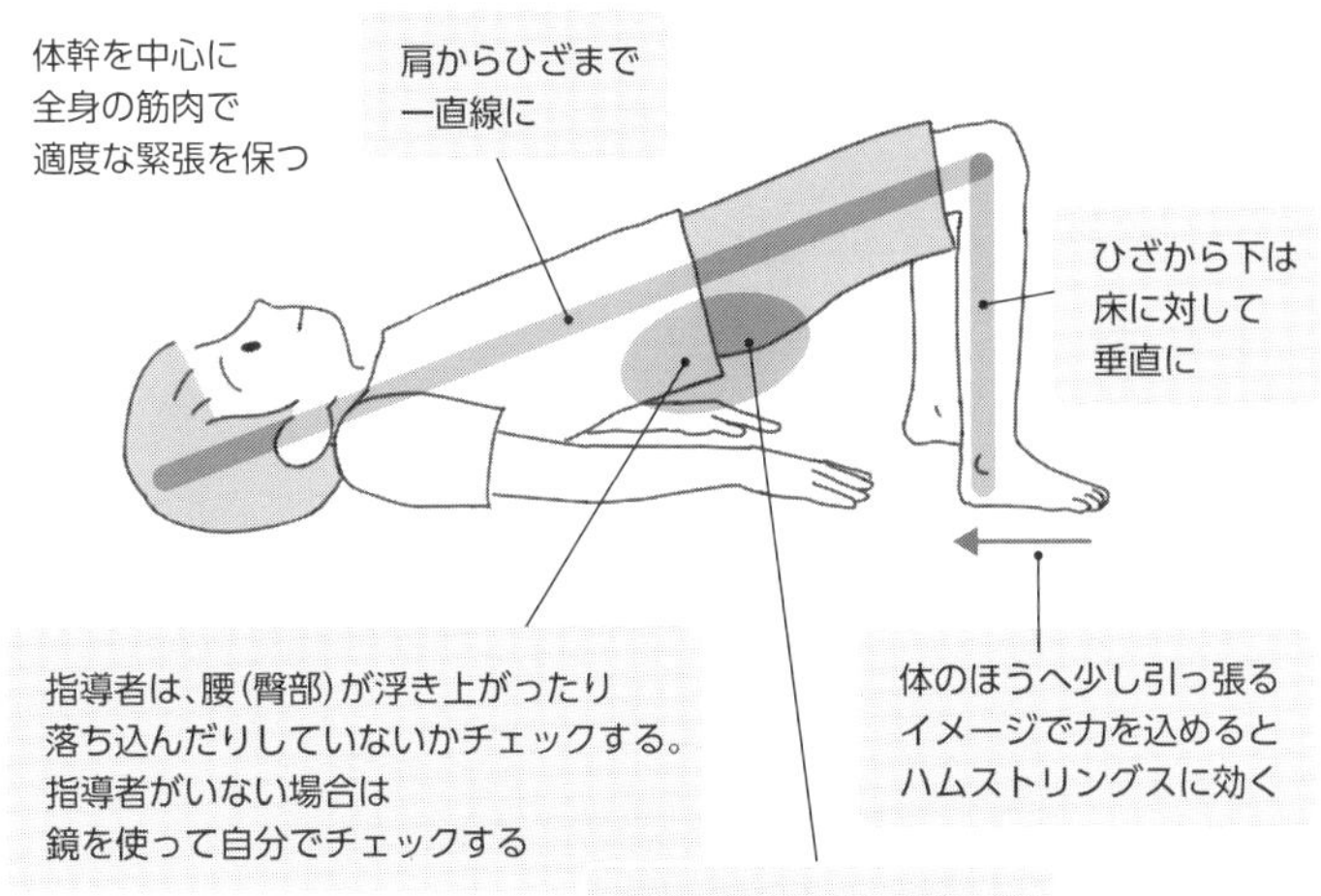

③ 15〜30 秒間保持した後、もとの姿勢に戻る

④ 1 日 3 〜 5 セットを目安にこれを行う

ランク）でいうと腰が下がってしまうケースが多く、そうなると体幹が姿勢を支える力が逃げてしまい肩関節に負担がかかります。

体重の軽い小学生では問題にならない程度の負担ですが、いずれにせよ姿勢の崩れた状態では本来のトレーニング効果は得られません。プランク（板）の名のとおり体を板のように保持することがなにより大切です。

どのプランクにおいても、姿勢を安定して保持するためのポイントは次の3つとなります。

①安定した横隔膜呼吸
②体幹を中心とした全身の筋肉の活性化
③体の重みを意識できている

それぞれ解説しましょう。

まず、「①安定した横隔膜呼吸」とは、吸気で胸部と腹部を同時に膨らませて、呼気で同時にへこませる呼吸法のことです。これにより内臓を収めている腹腔と肺を収めている胸腔に内側からしっかり圧がかかり、その圧が体幹を支えます。

次に「②体幹を中心とした全身の筋肉の活性化」でいう筋肉の活性化とは、第3章でも説明したように、筋肉が適度な緊張を保っていて即座の動きに対応できる状態のことを言います。3種のプランクは意識して力を込めるべき部位はそれぞれ異なりますが、全身を適度に緊張させて姿勢を安定させるという点は共通しています。

最後の「③体の重みを意識できている」とは、体幹で支えている重みをきちんと意識することを指しています。これができていないと体幹を板のように保持する意識があいまいになり、プローンプランクでいうと腰が落ちてきたりその逆に浮いてきたりします。

これらのポイントを押さえてもなおプランクの姿勢を正しく保持できないなら、体幹の筋肉が弱すぎると思われます。その場合、まずは動的に体幹を強化する「クランチ」で筋力をある程度強化してからプランクに移行するといいでしょう。

クランチ（上腹部）

クランチとは腹筋運動のことです。腹筋運動というと仰向けに寝た状態から体を完全に起こすやりかたをイメージする方もいるでしょう。しかし、その方法は腰痛の原因となるためスポーツの世界では行われなくなってきています。米軍の体力測定でも同じ理由で除外されたそうです。

クランチ（上腹部）

① 仰向けに寝て足を揃え、ひざを 90 度より少し深く曲げて立てる

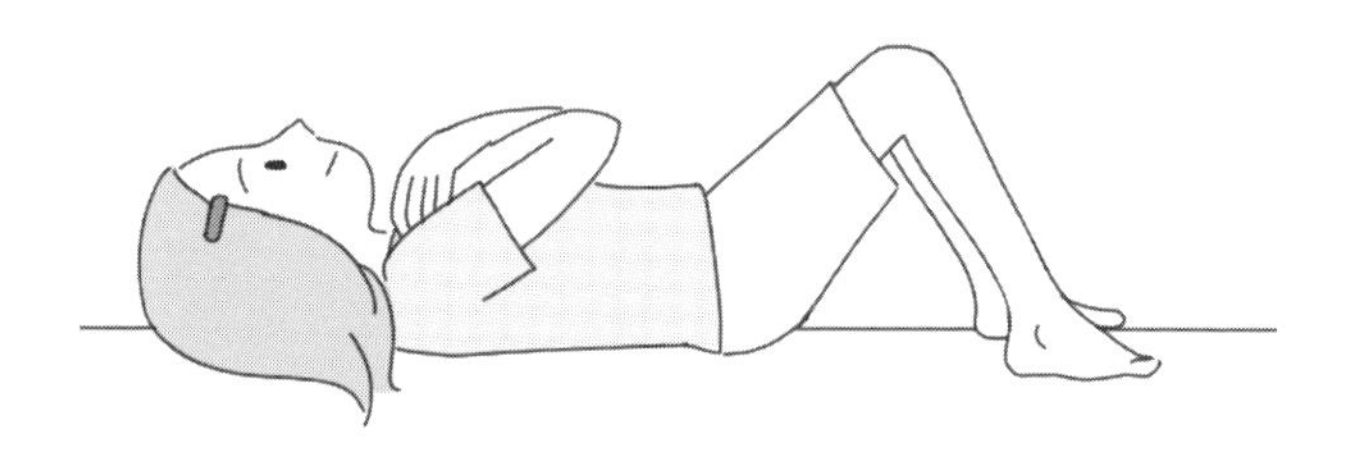

② 両腕を胸の前でクロスさせ、息を吐きながらへそを見る感じで、
肩が床から少し浮くくらいまで上体を起こす

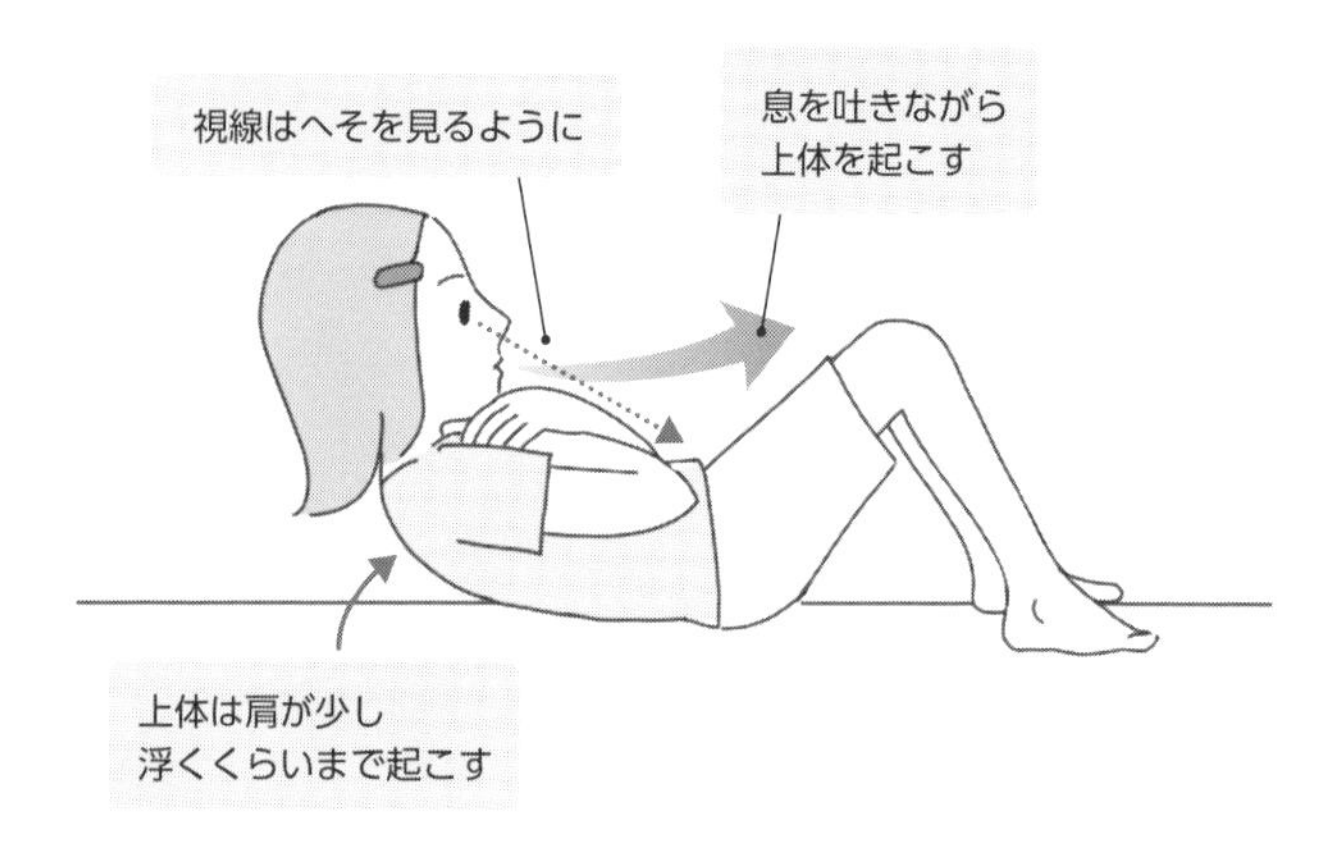

③ 息を吐ききったところで 1 秒ほど間を置き、
息を吸いながら上体をもとに戻す

④ 10〜15 回を目安に上体を起こすことを繰り返す

⑤ 1 日 3〜5 セットを目安にこれを行う

ここではそれとは違うやりかたのクランチを紹介します。まずは上腹部の腹直筋に効かせるクランチから紹介しましょう。

① 仰向けに寝て足を揃え、ひざを90度より少し深く曲げて立てる
② 両腕を胸の前でクロスさせ、息を吐きながらへそを見る感じで、肩が床から少し浮くくらいまで上体を起こす
③ 息を吐ききったところで1秒ほど間を置き、息を吸いながら上体をもとに戻す
④ 10〜15回を目安に上体を起こすことを繰り返す
⑤ 1日3〜5セットを目安にこれを行う

クランチ（下腹部）

次に下腹部に効かせるタイプのクランチです。こちらは上体ではなく、脚を上げた状態から下ろしていく動きにより腹筋に働きかけます。

① 上腹部のクランチと同じように仰向けに寝て揃えたひざを立てる。手は体の横に置く

クランチ（下腹部）

① 上腹部のクランチと同じように仰向けに寝て
揃えたひざを立てる。手は体の横に置く

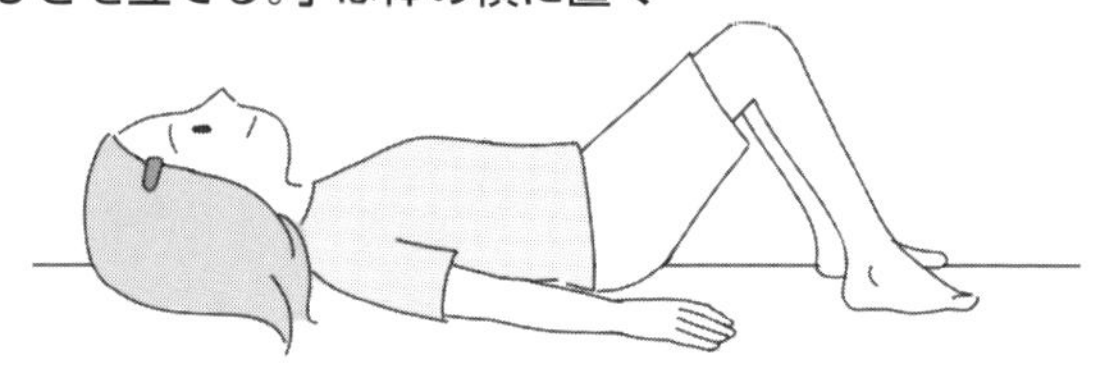

② ひざの角度はそのままで股関節から脚を上げる

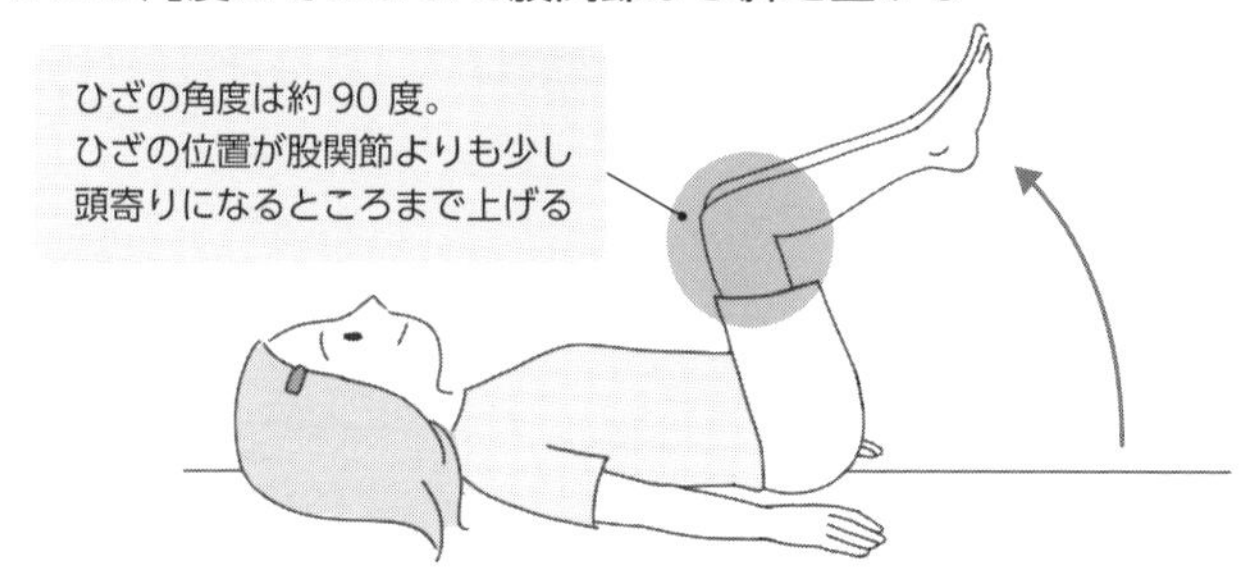

ひざの角度は約 90 度。
ひざの位置が股関節よりも少し
頭寄りになるところまで上げる

③ 息を吐きながらひざを伸ばしつつ、
かかとが床に付く直前まで脚を下ろす

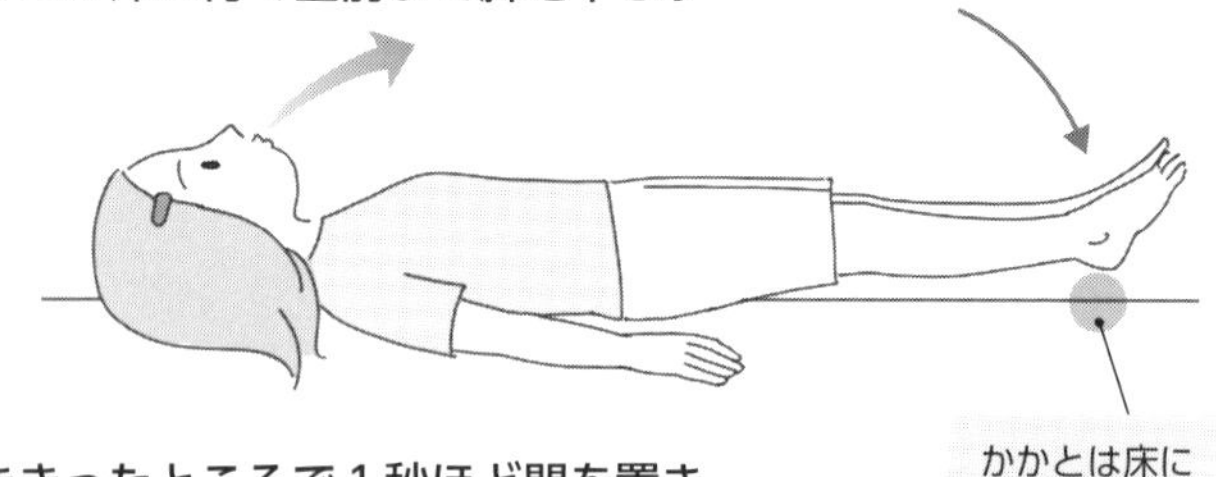

④ 吐ききったところで 1 秒ほど間を置き、
②の状態に戻る

⑤ 10～15 回を目安に②～④を繰り返す

⑥ 1 日 3 ～ 5 セットを目安にこれを行う

②ひざの角度はそのままで股関節から脚を上げる
③息を吐きながらひざを伸ばしつつ、かかとが床に付く直前まで脚を下ろす
④吐ききったところで1秒ほど間を置き、②の状態に戻る
⑤10〜15回を目安に②〜④を繰り返す
⑥1日3〜5セットを目安にこれを行う

クランチ（下腹部／バランスボール使用）

脚を上げるクランチがきついと感じる方は、半球状のバランスボールを使った方法でも下腹部に効かせられます。小学生にもおすすめの方法です。

バランスボールを用意できない場合は、ペアを組んで一方がうつ伏せになり、その臀部にもう一人が骨盤の後ろ側を乗せる形をとります。また、自宅であればちょうどいい高さのソファーなどを利用してもいいでしょう。硬いところを使うと骨盤が痛くなるので、タオルを使うなどして弾力や高さを調整します。

①ひざを立てて、バランスボールの斜め上の面に骨盤の後ろ側を乗せるようにして座る

クランチ（下腹部／バランスボール使用）

① ひざを立てて
バランスボールの斜め上の面に
骨盤の後ろ側を
乗せるようにして座る

臀部は床に
付けない

② 両腕を胸の前でクロスさせ、
バランスボールの球面に
背中を預けるようにして、
上体を後ろに倒す

頭部も床と平行に

③ 上体が床と平行になるところまで
倒したら、息を吐きながら、
横から見て斜め 45 度くらいの
ところまで上体を起こす

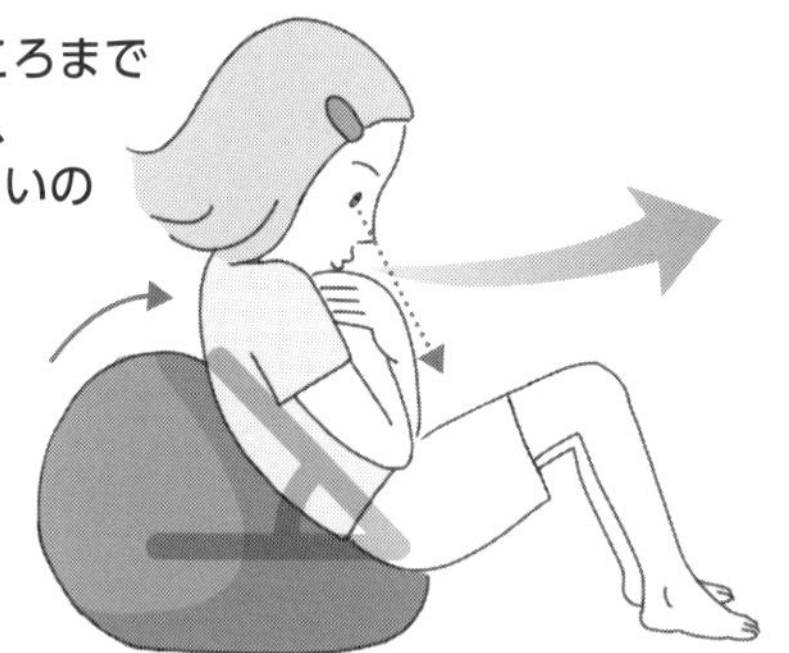

へそを見る感じで
首と頭を起こすが
上体は起こしすぎない

④ 吐ききったところで 1 秒ほど間を置き、再び上体を後ろに倒す

⑤ 10～15 回を目安に②～④を繰り返す

⑥ 1 日 3 ～ 5 セットを目安にこれを行う

② 両腕を胸の前でクロスさせ、バランスボールの球面に背中を預けるようにして、上体を後ろに倒す
③ 上体が床と平行になるところまで倒したら、息を吐きながら、横から見て斜め45度くらいのところまで上体を起こす
④ 吐ききったところで1秒ほど間を置き、再び上体を後ろに倒す
⑤ 10〜15回を目安に②〜④を繰り返す
⑥ 1日3〜5セットを目安にこれを行う

8つの基本的動き❷「スクワット」

《動きの概要》

スクワットは脚部のパワーに直結するトレーニングです。ファンクショナルトレーニングとしてのスクワットはパワーを生む筋力を育てるだけでなく、股関節やひざ、足首を連動させることにより下肢の動きの機能性を向上させます。

スクワットで強化されるパワーとは踏ん張る力でもあり、その力は上半身を動かす力に

転換できます。スクワットは上肢を主に使う競技においても重要なのです。

フルスクワット

フルスクワットはひざを深く折るスクワットです。ただし、腰を完全に下まで落とし切ることはありません。また、勢いをつけたりせず呼吸に合わせて静かに動きます。

① 肩幅より少し広めに脚を開いて立ち、両腕を胸の前でクロスさせる
② 呼吸を整えて、腰を後ろに引きつつひざを曲げ、股関節がひざの少し下の高さにくるところまで腰を落とす
③ 息を吐きながら、ひざを伸ばしてもとの姿勢に戻る
④ 10～15回を目安に②～③を繰り返す
⑤ 1日3～5セットを目安にこれを行う

《動きの解説》
胸の前で組んだ腕を使い、後ろに引く臀部との間で重心のバランスをとります。

フルスクワット

① 肩幅より少し広めに
脚を開いて立ち、
両腕を胸の前でクロスさせる

② 呼吸を整えて、腰を後ろに引きつつ
ひざを曲げ、股関節がひざの少し下の
高さにくるところまで腰を落とす

③ 息を吐きながら、ひざを伸ばしてもとの姿勢に戻る

④ 10～15回を目安に②～③を繰り返す

⑤ 1日3～5セットを目安にこれを行う

また、しゃがんだ状態から立位に戻るときに息を吐くのは、重量物を持つ場面で大声を出して気合を入れることに似ています。大きく息を吐くことで力を込めやすくなるのです。

8つの基本的動き 3「ランジ」

《動きの概要》

ランジは踏み出した脚を深く曲げて腰を落とす動きで、機能的に歩いたり走ったりすることに関係します。フットワークが要求されるスポーツでは特にパフォーマンス向上へつながるでしょう。ここでは、足を踏み出す方向が異なる3種類のランジを紹介します。

フロントステップランジ

フロントステップランジでは、片足を大きく前に踏み出してひざを曲げ、上体を立てたまま腰を落とします。一部では、ひざを曲げて腰を落とすだけの動きがランジとして紹介されていますが、足を踏み出すところから動きを始めないとファンクショナルトレーニングとしての効果は発揮されません。

フロントステップランジ

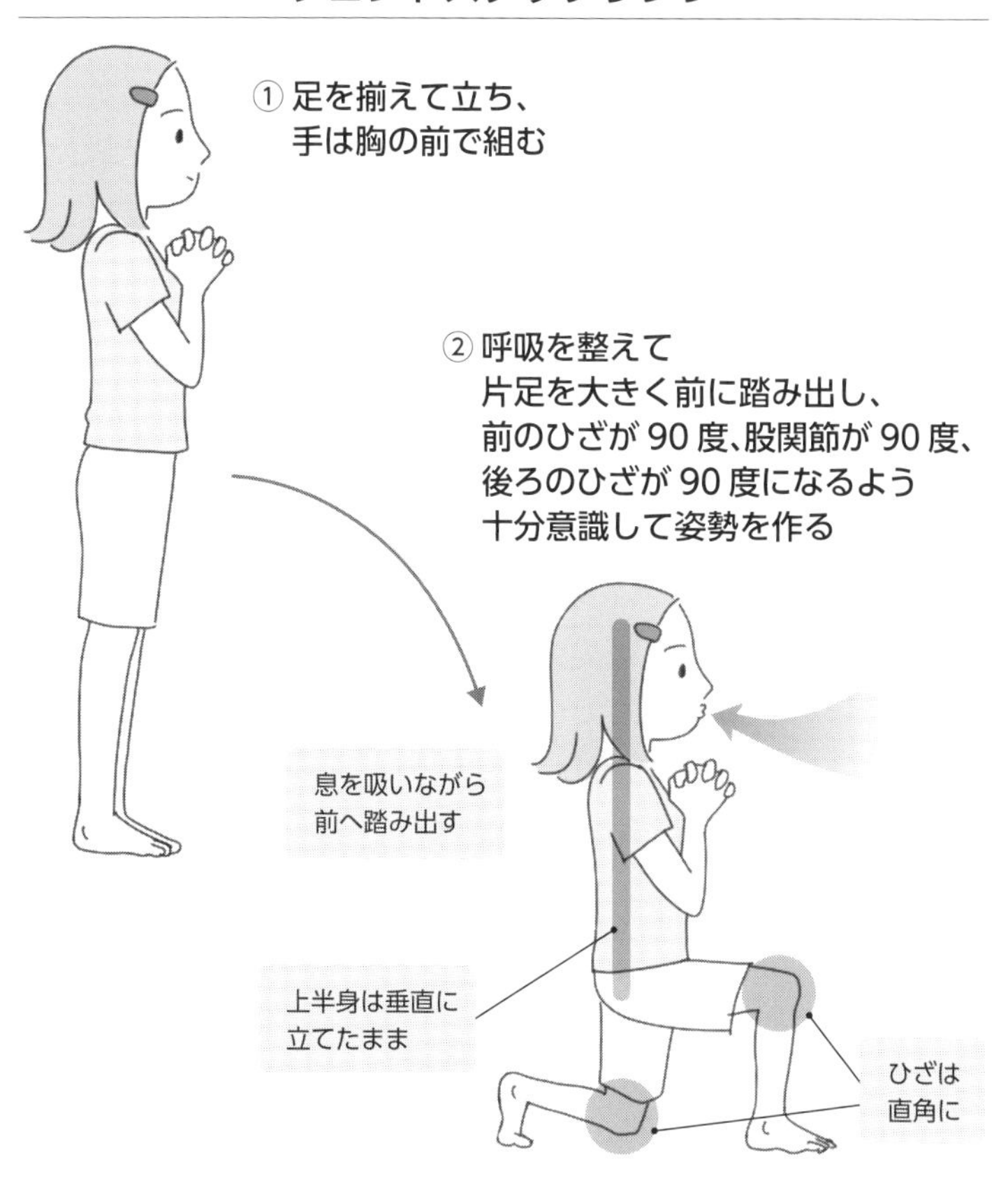

③ 1 秒ほど間を置き、息を吐きながら①の状態に戻る

④10〜15 回を目安に②〜③を繰り返す

⑤左右の脚を替えて同じ動きを行う

⑥ 1 日 3 〜 5 セットを目安にこれを行う

①足を揃えて立ち、手は胸の前で組む
②呼吸を整えて片足を大きく前に踏み出し、前のひざが90度、股関節が90度、後ろのひざが90度になるよう十分意識して姿勢を作る
③1秒ほど間を置き、息を吐きながら①の状態に戻る
④10〜15回を目安に②〜③を繰り返す
⑤左右の脚を替えて同じ動きを行う
⑥1日3〜5セットを目安にこれを行う

バックステップランジ

バックステップランジでは片足を大きく後ろに踏み出してひざを曲げ、上体を立てたまま腰を落とします。フロントステップランジと同じく、足を踏み出すところからの動きを繰り返すことでファンクショナルトレーニングとしての効果が発揮されます。

①足を揃えて立ち、手は胸の前で組む
②呼吸を整えて片足を大きく後ろに踏み出し、前の脚も後ろの脚もともに、ひざを90度に

バックステップランジ

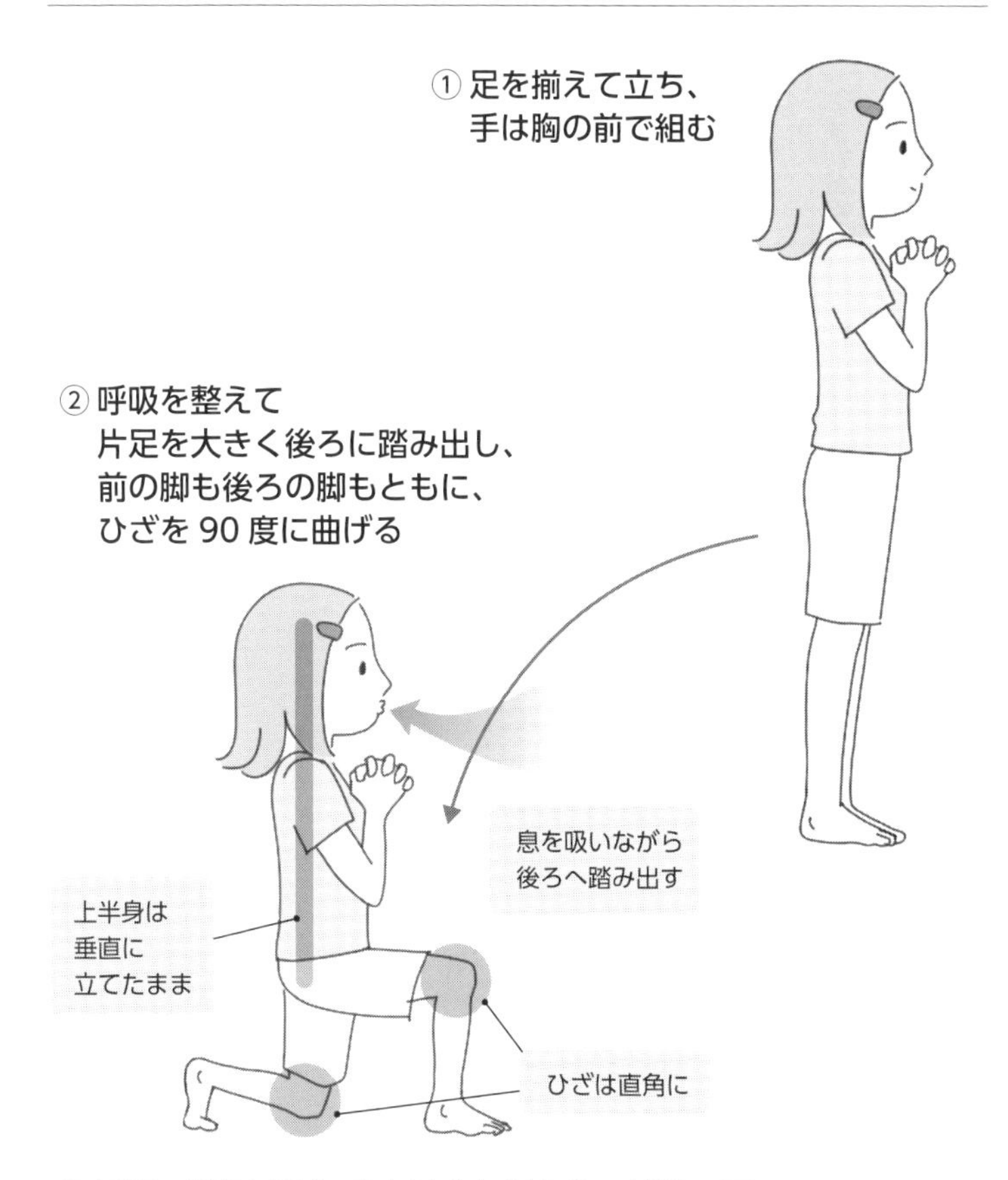

③ 1 秒ほど間を置き、息を吐きながら①の状態に戻る

④10〜15 回を目安に②〜③を繰り返す

⑤左右の脚を替えて同じ動きを行う

⑥ 1 日 3 〜 5 セットを目安にこれを行う

曲げる
③ 1秒ほど間を置き、息を吐きながら①の状態に戻る
④ 10～15回を目安に②～③を繰り返す
⑤ 左右の脚を替えて同じ動きを行う
⑥ 1日3～5セットを目安にこれを行う

サイドステップランジ

サイドステップランジでは片足を大きく真横に踏み出してひざを曲げ、上体を立てたまま腰を落とします。ほかのランジと同じく、足を踏み出すところからの動きを繰り返すことでファンクショナルトレーニングとしての効果が発揮されます。

① 足を揃えて立ち、手は胸の前で組む
② 呼吸を整えて片足を大きく真横に踏み出し、その踏み出した側のひざを90度に曲げる。もう一方の脚は伸ばす
③ 1秒ほど間を置き、息を吐きながら①の状態に戻る

サイドステップランジ

① 足を揃えて立ち、
手は胸の前で組む

② 呼吸を整えて
片足を大きく真横に踏み出し、
その踏み出した側のひざを 90 度に曲げる。
もう一方の脚は伸ばす

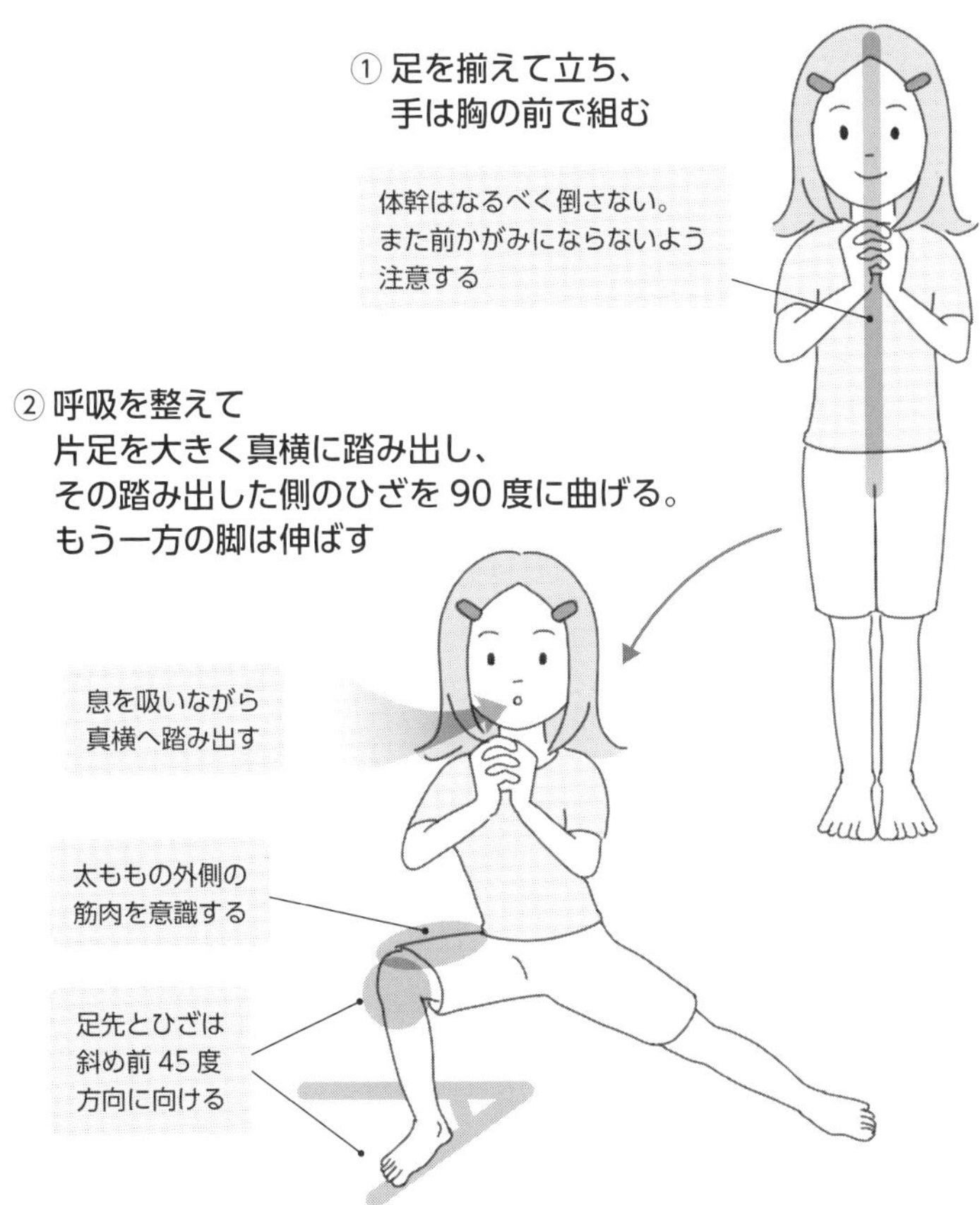

③ 1 秒ほど間を置き、息を吐きながら①の状態に戻る

④ 10～15 回を目安に②～③を繰り返す

⑤ 左右の脚を替えて同じ動きを行う

⑥ 1 日 3 ～ 5 セットを目安にこれを行う

④ 10～15回を目安に②～③を繰り返す
⑤ 左右の脚を替えて同じ動きを行う
⑥ 1日3～5セットを目安にこれを行う

《動きの解説》

このランジの動きをトレーニングすることで、必要なときに脚がすばやく出て即座に力強い動きを繰り出せるようになります。

フロントステップランジは前に走る動き、バックステップランジは後ろに走る動き、サイドステップランジは横に走る動きにそれぞれ対応しており、特に前後左右に動くスポーツではその3つすべてが重要となります。逆に、前方向にしか走らない競技ではフロントステップランジに重点を置いてトレーニングするといいでしょう。

8つの基本的動き 4 「ヒンジ」

《動きの概要》

ヒンジはスクワットに少し似ていますが股関節の屈曲・伸展のトレーニングであり、ひざはほとんど曲げません。スポーツではジャンプ力に直結し、またデスクワークの多い方の腰痛予防にも有効です。

ヒンジ

ヒンジは蝶番（ちょうつがい）という意味で、股関節を蝶番のように動かすところから命名されています。その名が示すように、この動きでは股関節とそれを動かしている臀筋・ハムストリングスへ十分に意識を向けましょう。

① 両足を肩幅に開いて立ち、つま先は前へ向ける。両手は股関節に置く
② 体幹をまっすぐ保持したまま、息を吐きながら前傾させ臀部を大きく後方へ引く。このと

ヒンジ

① 両足を肩幅に開いて立ち、
つま先は前へ向ける。
両手は股関節に置く

② 体幹をまっすぐ保持したまま
息を吐きながら前傾させ
臀部を大きく後方へ引く。
このとき、ひざはほとんど曲げないこと。
股関節で両手をはさむ形となり
腰の高さを保つようにする

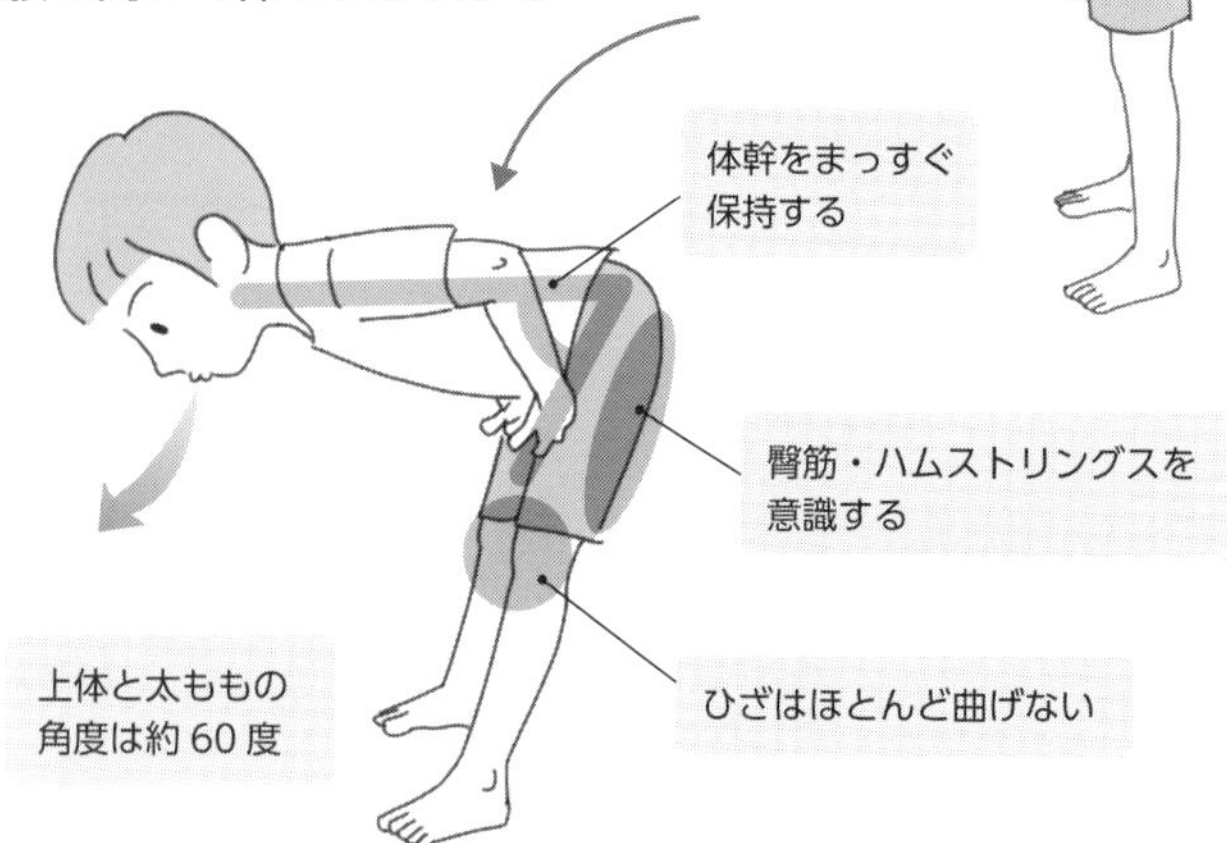

③ 太ももとの角度が約60度になるまで上体を前傾させ、
1秒ほど間を置いて息を吸いながら①の状態に戻る

④10～15回を目安に②～③を繰り返す

⑤1日3～5セットを目安にこれを行う

き、ひざはほとんど曲げないこと。股関節で両手をはさむ形となり腰の高さを保つようにする
③ 太ももとの角度が約60度になるまで上体を前傾させ、1秒ほど間を置いて息を吸いながら①の状態に戻る
④ 10～15回を目安に②～③を繰り返す
⑤ 1日3～5セットを目安にこれを行う

《動きの解説》

股関節の動きのトレーニングであることを十分意識して行います。また、ムービングプランク（動きを伴うプランク）としての意味もあるため、常に体幹をまっすぐ保持するよう心掛けます。

8つの基本的動き 5 「ローテーション」

《動きの概要》

ローテーションは腰を回旋させる動きのことで、下肢・下半身からの力を上肢・上半身に伝える際に重要な動きをしています。

ファンクショナルトレーニングとしてのローテーションは、腰をひねる動きを伴うスポーツのパフォーマンス向上のほか、スポーツ・日常生活における腰痛の予防にもつながってきます。

ローテーション

ローテーションでは棒状のものを肩に担いだ状態で腰を回旋させます。私のトレーニングジムでは筒状のウェイトを担ぎますが、棒状のものならなんでも使えます。それを担ぐことで胸を張った状態が保たれ、腰の回旋をしっかり意識して動かすことができます。

①両足を肩幅に開いて立ち、肩に棒状のものを担ぐ
②息を吐きながら腰を回旋させる。棒を回旋させるのではなく腰から回旋するイメージで
③少しきつく感じられるところまで回旋させて1秒ほど間を置き、息を吸いながらもとの姿勢に戻る
④次に同じやりかたで逆方向へ腰を回旋させる
⑤10～15回を目安に②～④を繰り返す
⑥1日3～5セットを目安にこれを行う

《動きの解説》

骨盤から回旋を始めるのがポイントです。また、回旋に伴って収縮する臀部・腹斜筋を十分意識することでトレーニングがより効果的なものとなります。

動きに合わせリラックスして息を吐いていくとより深く回旋できるので、そうした呼吸の意識も重要なポイントとなります。

ローテーション

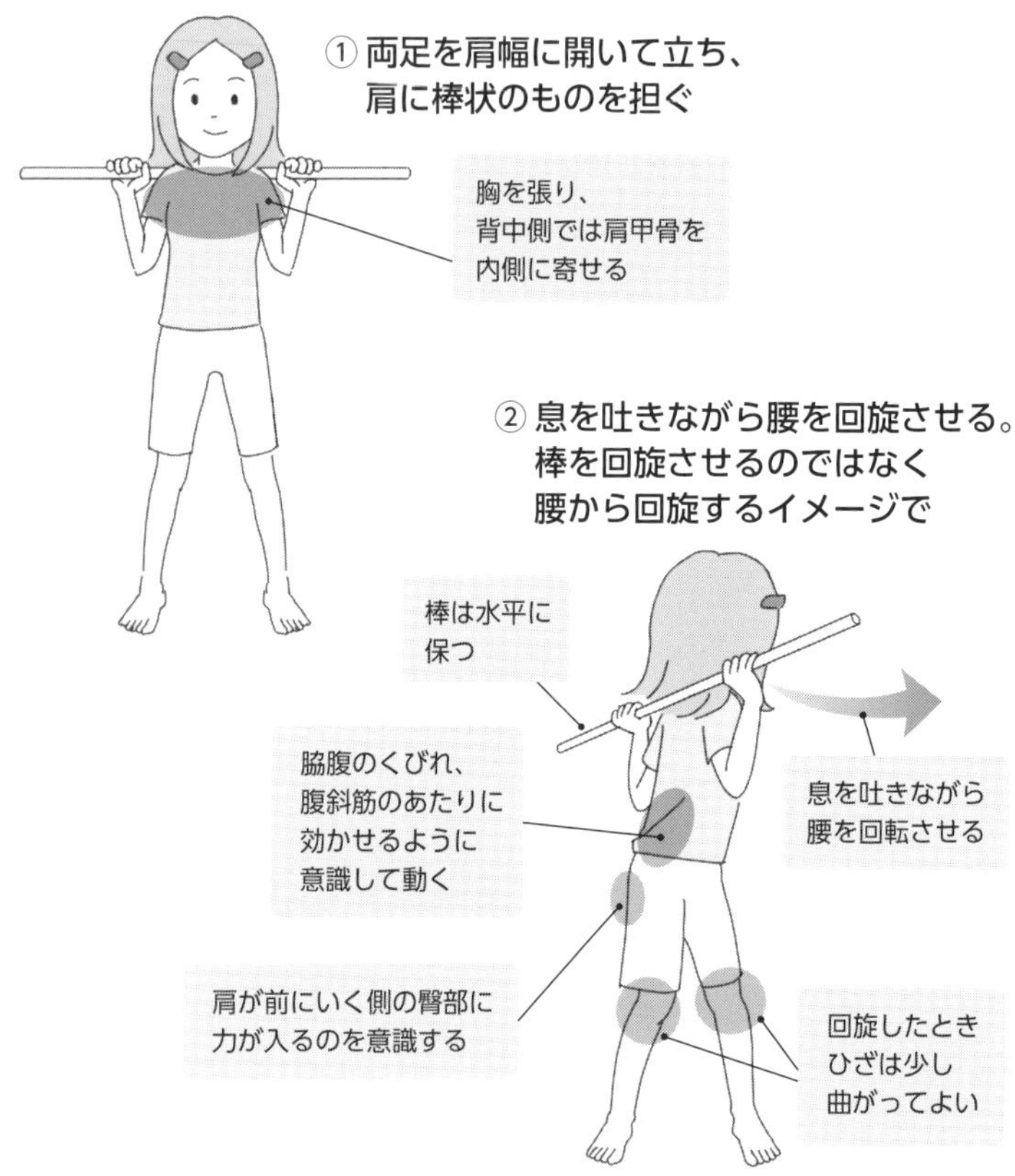

③ 少しきつく感じられるところまで回旋させて１秒ほど間を置き、
息を吸いながらもとの姿勢に戻る

④ 次に同じやりかたで逆方向へ腰を回旋させる

⑤ 10〜15 回を目安に②〜④を繰り返す

⑥ １日３〜５セットを目安にこれを行う

8つの基本的動き 6 「プッシュ」

《動きの概要》

プッシュとは腕立て伏せのことです。腕立て伏せというと腕を鍛える運動というイメージになりますが、ファンクショナルトレーニングとしてのプッシュは、物体を自分の体から遠ざける動きという意識で行います。

プッシュアップ

① うつ伏せになり肩の横、肩幅より少し広い位置に手を置く
② 腕を伸ばして体を持ち上げ、足はつま先立ちに。頭頂からかかとまで一直線になるよう保持する
③ ひじを曲げて胸が床に付きそうなくらいまで体を下ろす。このとき、頭頂からかかとまでの一直線を保持すること。下ろしきったところで1秒ほど間を置いてから、息を吐きながら②の姿勢に戻る

プッシュアップ

① うつ伏せになり肩の横、肩幅より少し広い位置に手を置く

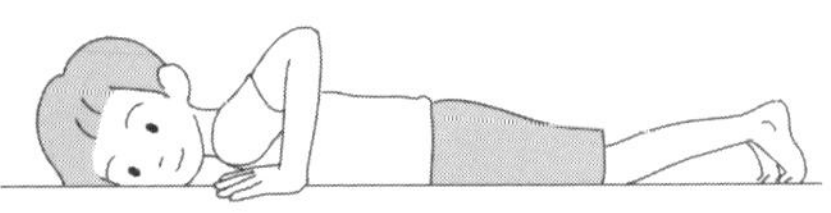

② 腕を伸ばして体を持ち上げ、足はつま先立ちに。頭頂からかかとまで一直線になるよう保持する

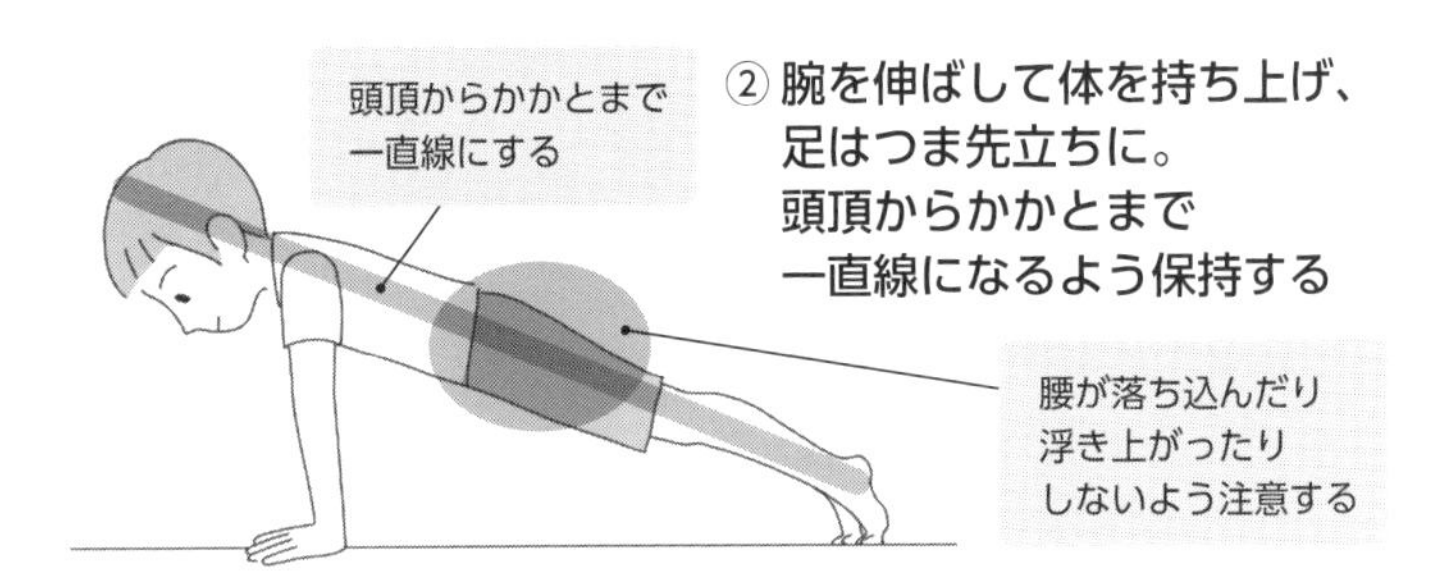

③ ひじを曲げて胸が床に付きそうなくらいまで体を下ろす。このとき、頭頂からかかとまでの一直線を保持すること。下ろしきったところで１秒ほど間を置いてから、息を吐きながら②の姿勢に戻る

頭頂からかかとまでの
一直線をしっかり保持する

左右の肩甲骨を内側へ寄せる。
体を持ち上げるときは
肩甲骨を外側へ開くこと。このとき
猫背にならないよう注意する

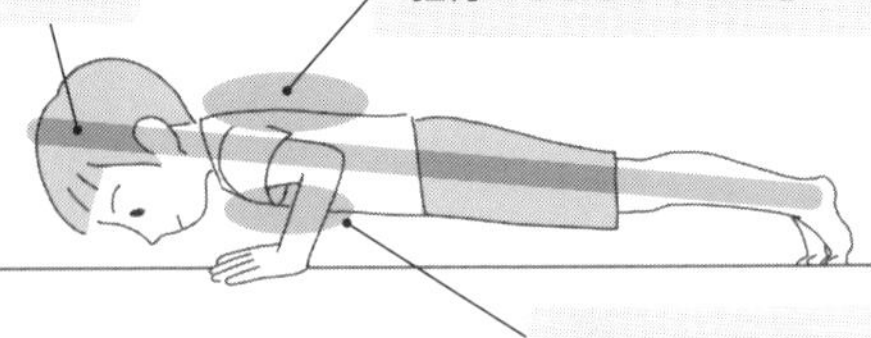

胸をしっかり張り、
それをキープしたまま
体を持ち上げる

④ 体が上がった状態で息を整え、10〜15回を目安に②〜③を繰り返す

⑤ １日３〜５セットを目安にこれを行う

④体が上がった状態で息を整え、10～15回を目安に②～③を繰り返す
⑤1日3～5セットを目安にこれを行う

ニーリングプッシュアップ

筋力が足りなくてプッシュアップができない場合や、姿勢や意識を正しく保てない場合は、ひざをついて行うニーリングプッシュアップから始めます。「ニーリング（Kneeling）」とは「ひざ立ち」のことです。

これで動きに慣れてから通常のプッシュアップに移行するといいでしょう。

①プッシュアップの姿勢でひざを床につける
②ひざを90度に曲げて、そこから下を床から浮かせる。このとき足先は組まないこと。頭頂からひざまでは一直線になるよう保持する
③ひじを曲げて胸が床に付きそうなくらいまで体を下ろす。このとき、頭頂からひざまでの一直線は保持したまま。体を下ろしきったところで1秒ほど間を置いて、息を吐きながら②の姿勢に戻る

ニーリングプッシュアップ

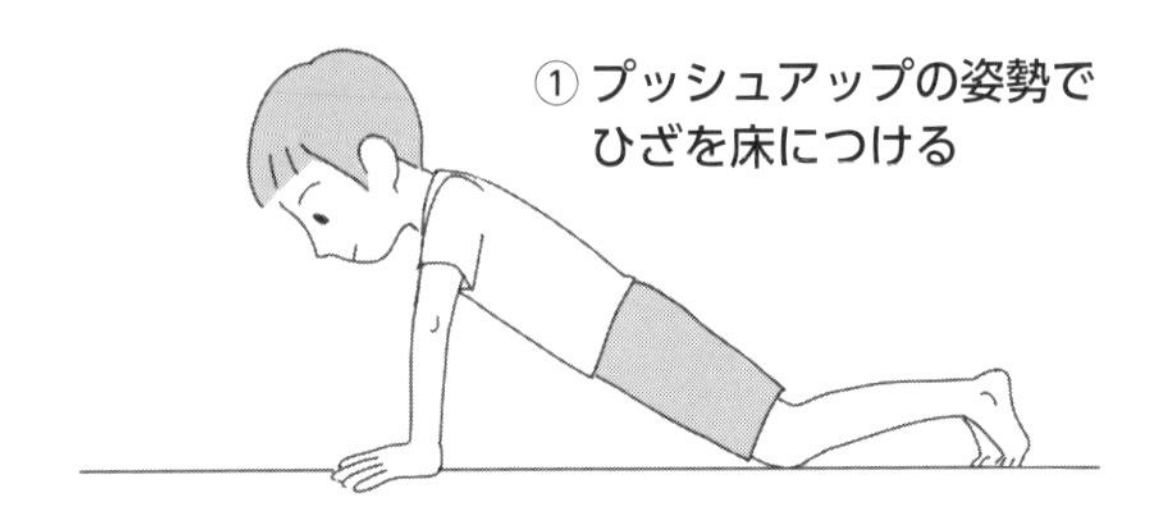

② ひざを 90 度に曲げて、そこから下を床から浮かせる。
このとき足先は組まないこと。
頭頂からひざまでは一直線になるよう保持する

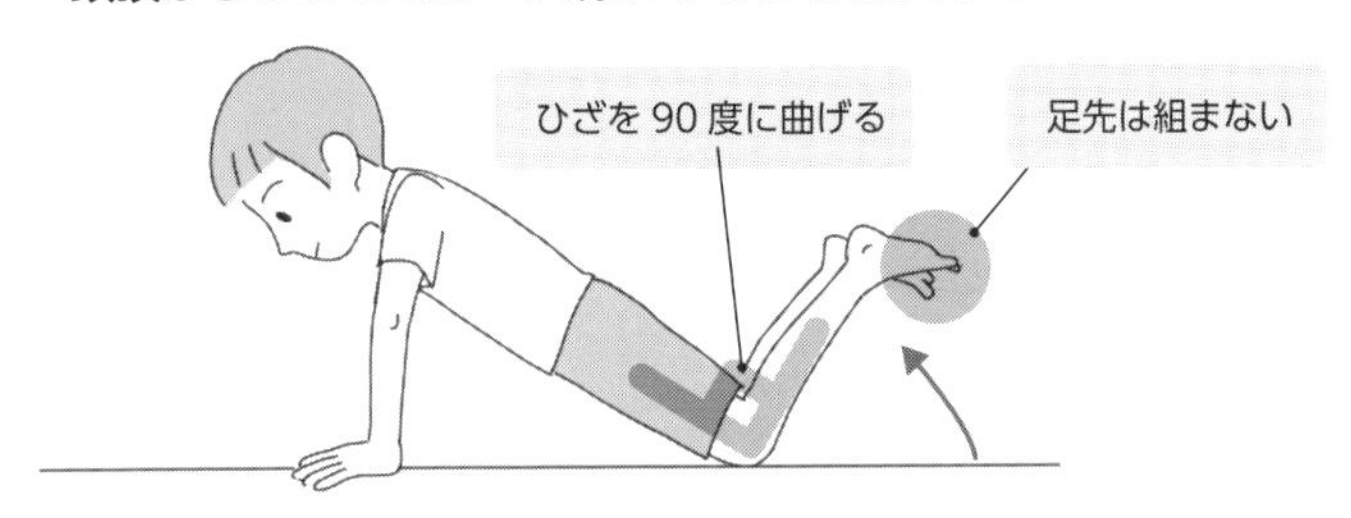

③ ひじを曲げて胸が床に付きそうなくらいまで体を下ろす。
このとき、頭頂からひざまでの一直線は保持したまま。
体を下ろしきったところで 1 秒ほど間を置いて、
息を吐きながら②の姿勢に戻る

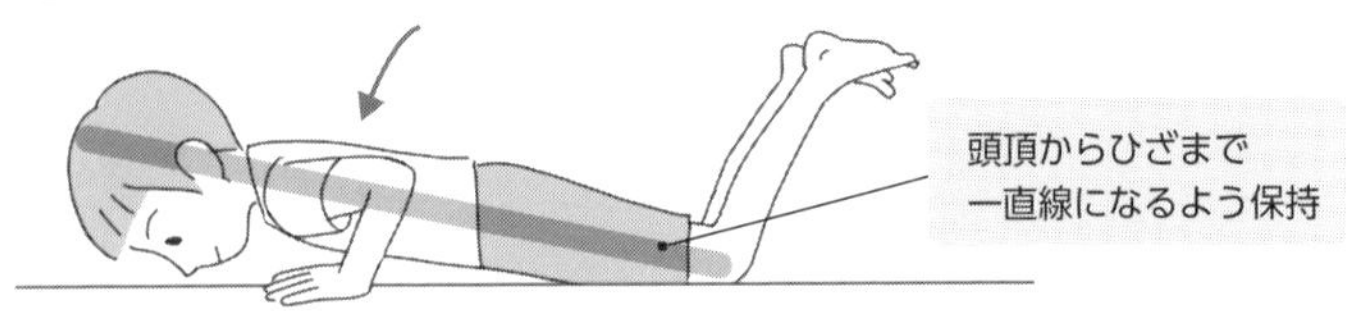

④ 体が上がった状態で息を整え、10〜15 回を目安に②〜③を繰り返す

⑤ 1 日 3 〜 5 セットを目安にこれを行う

④ 体が上がった状態で息を整え、10～15回を目安に②～③を繰り返す
⑤ 1日3～5セットを目安にこれを行う

《動きの解説》

ひじを曲げたときに左右の肩甲骨が内側へ寄り、ひじを伸ばしたときに開くという動きを十分意識します。猫背にならないよう指導者はよく注意して動きを観察しましょう。

また、ひじを曲げたときに胸を張り、その張ったままの状態でひじを伸ばすように意識することも重要なポイントです。腕の運動というよりは肩甲帯と大胸筋の動きのトレーニングであることをよく理解してください。

8つの基本的動き 7 「プル」

プルは物体を体のほうへ引き寄せる動きであり、腕力だけでなく肩甲帯、肩関節、肘関節を連動させて行うことでファンクショナルトレーニングとしての効果を得られます。

また、引く動きの支えとして脚部と体幹を安定させる必要もあり、特に体の後面の筋肉

群（ハムストリングス・臀筋・広背筋・僧帽筋下部・僧帽筋中央部・菱形筋・三角筋後部）を活性化させて連動しやすくすることが求められます。

ニーローイング

《動きの概要》

ローイング（Ｒｏｗｉｎｇ）とはボート漕ぎ運動のこと。ここでは小学生でも行いやすいニーローイング（ひざ立ちのローイング）を紹介します。このトレーニングにはゴムチューブが必要です。

① ひざ立ち姿勢で太ももと体幹を垂直に立てる
② 前下方、斜め45度に出した手で、地面に近い高さに固定した一対のゴムチューブを握る
③ 息を吐きながらひじを後ろへ突き出すように曲げ、ゴムチューブを引き寄せる
④ 息を吸いながらひじを戻していくが、このとき完全に伸ばしきらないようにする
⑤ 10〜15回を目安に③〜④を繰り返す
⑥ 1日3〜5セットを目安にこれを行う

ニーローイング

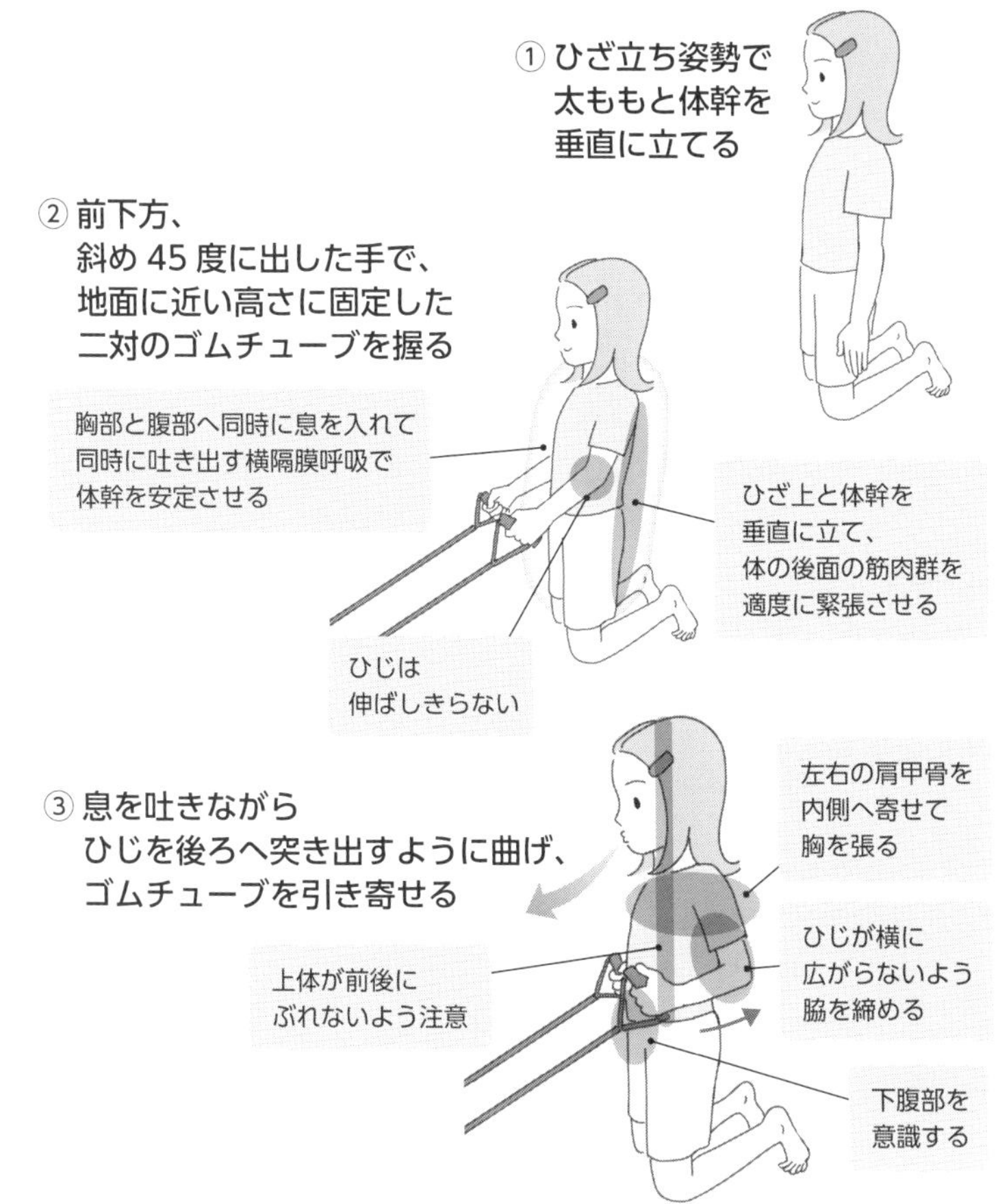

④ 息を吸いながらひじを戻していくが、
このとき完全に伸ばしきらないようにする

⑤ 10〜15回を目安に③〜④を繰り返す

⑥ 1日3〜5セットを目安にこれを行う

《動きの解説》

動きのポイントは、ひじを引いたときに左右の肩甲骨を内側へ寄せて胸を張ること。そして、腕を伸ばすときも胸を張ったままにしておき、決して猫背にならないことです。猫背になると肩甲帯の動きが妨げられて僧帽筋や菱形筋、広背筋など上背部の筋肉が連動しにくくなるため、このことは非常に重要です。

止まっているときは正しい姿勢を保持できていても、動き出した途端に崩れるケースが多いので、指導者がよく見てチェックする必要があります。

8つの基本的動き 8
「キャッチ」

「キャッチ」はつかむ動きのことで握力に直結します。

この動きは多くのスポーツに含まれますが、それを機能的に行うために知っておきたいのは、握力は薬指と小指が最も強いということです。

その逆に人差し指と中指はそれほど強くありません。この反対のイメージを持っている方も多いと思いますが、何か弾力のあるものを握って確認してみると、ここで述べていることがすぐ理解できるはずです。

キャッチ

《動きの概要》

キャッチのトレーニングでは、子どもが遊びで使うような柔らかいビニールボールを用います。このトレーニングでは指だけでなく前腕の筋力も鍛えられます。

①ビニールボールをつかみ、小指から順に力が入るようにして握り込む

②この握り込む動きを20～30回を目安に繰り返す

③1日3～4セットを目安にこれを行う

《動きの解説》

柔道では相手の袖や襟をつかむときに小指を中心に握り込むように教えられますが、それはここで説明したことと同じ理由です。

キャッチをトレーニングすることで柔道のほか、野球のバットの握りやキャッチボール、

キャッチ

① ビニールボールをつかみ、
小指から順に力が入るようにして
握り込む

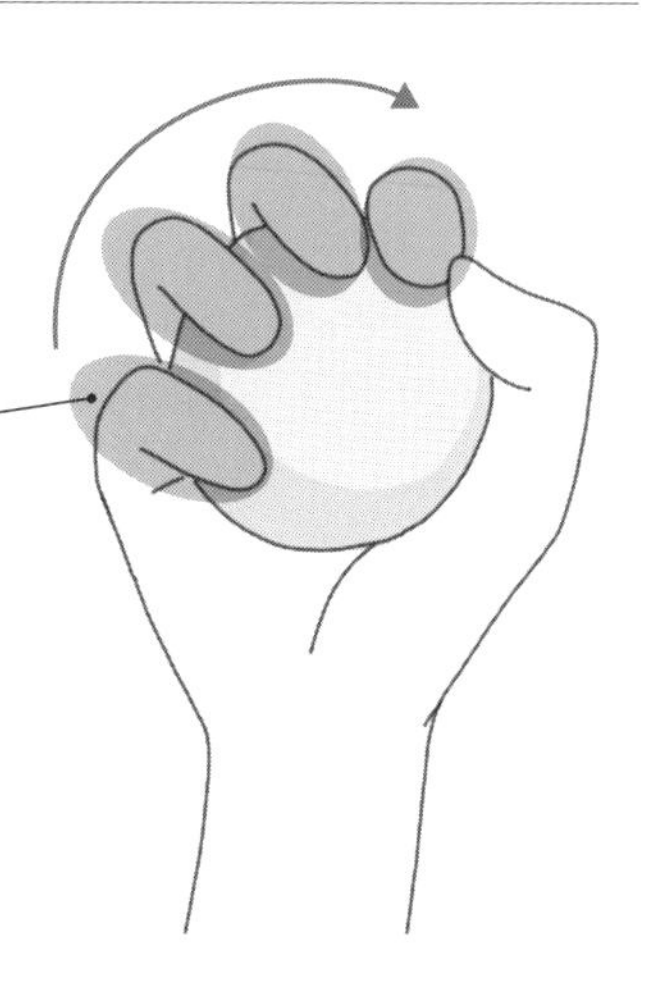

小指→薬指→中指→人差し指の順に
力が入るようにして握り込む

② この握り込む動きを
20 ～ 30 回を目安に繰り返す

③ 1日3～4セットを目安に
これを行う

ボクシングでの拳の握り込み、体操競技での鉄棒の握り込みなど、さまざまなスポーツの握る動きにおいて、そのパフォーマンスが向上します。

チームワークの向上に役立つ「ペアトレーニング」

「8つの基本的動き」を正しく行えるようになってきたら、2人1組で行うペアトレーニングを取り入れてもいいでしょう。

ペアトレーニングでは組んだ相手に負荷をかけてもらい、双方の動きの強化を図ります。ともにトレーニングすることにより、モチベーションの維持やチームワークの向上にも役立つでしょう。ここではトレーニングに協力して負荷をかける側を「パートナー」と呼ぶことにします。

プローンプランクのペアトレーニング

プローンプランクのペアトレーニングでは、パートナーが後ろで足を持ち上げて負荷をかけます。

① 両ひじを肩の真横の床に付けて、うつ伏せになる（117ページ①参照）

プローンプランクのペアトレーニング

① 両ひじを肩の真横の床に付けて、うつ伏せになる（117 ページ①参照）

② ひじとつま先で支える形で全身を浮かせる（117 ページ②参照）

③ パートナーは足首のあたりを握り、
自分のひざの高さまで持ち上げる。
このとき、頭からかかとまでの一直線の姿勢が
保持できているかチェックする

パートナー

頭からかかとまで一直線になっているか
チェックする。腰（臀部）が下に
落ちてくるとそこへ負担がかかるので、
その時点で足を下ろす

④ 30 秒間保持した後、
②の状態に戻る

30 秒間の姿勢保持が楽にできるように
なったら秒数を伸ばしてもよい

⑤ 1日3～5セットを目安にこれを行う

⑥ トレーニングの強度を上げたい場合は、
握った足をパートナーの腰の高さまで
持ち上げる

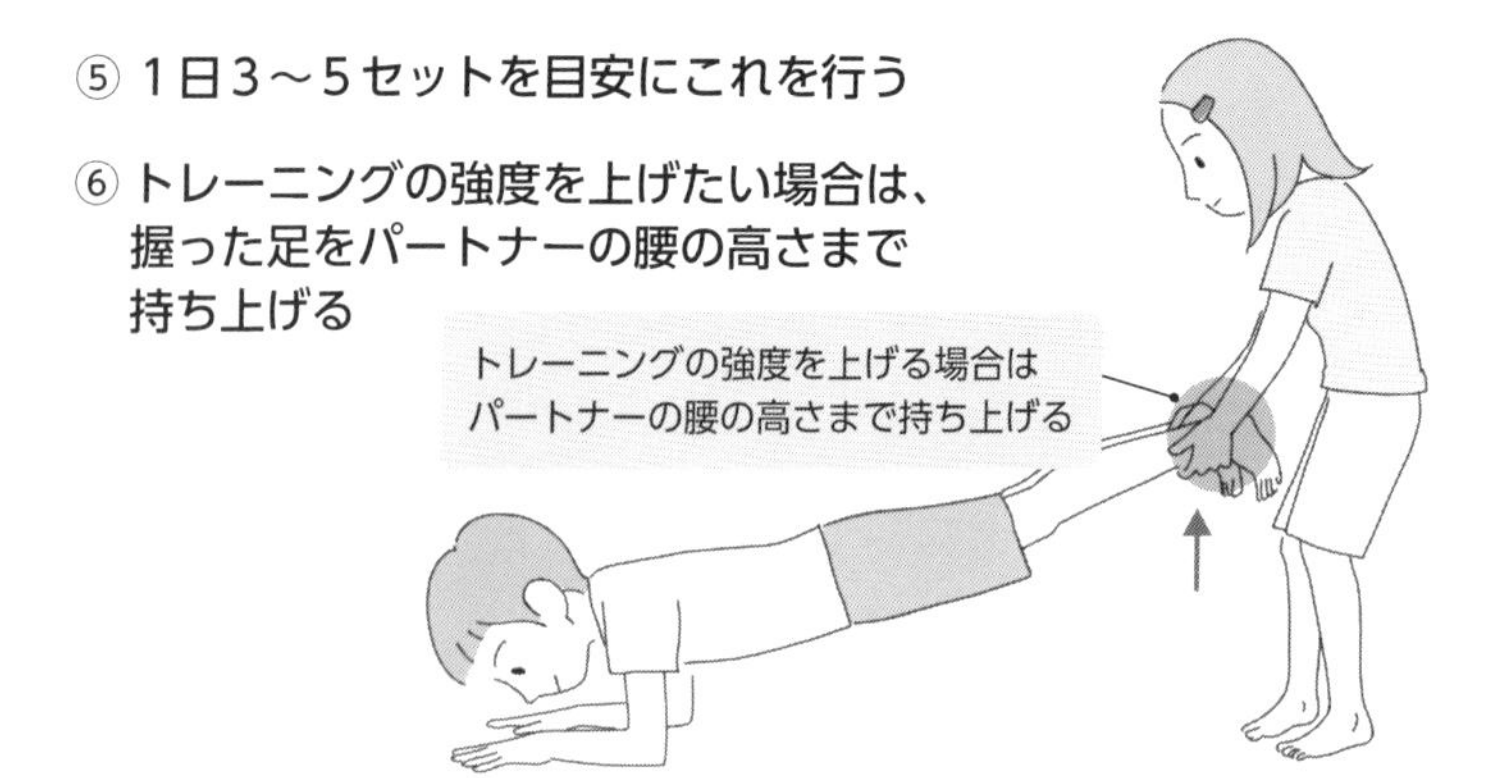

②ひじとつま先で支える形で全身を浮かせる（117ページ②参照）
③パートナーは足首のあたりを握り、自分のひざの高さまで持ち上げる。このとき、頭からかかとまでの一直線の姿勢が保持できているかチェックする
④30秒間保持した後、②の状態に戻る
⑤1日3～5セットを目安にこれを行う
⑥トレーニングの強度を上げたい場合は、握った足をパートナーの腰の高さまで持ち上げる

フルスクワットのペアトレーニング

スクワットのペアトレーニングでは、背負ったパートナーを負荷とすることも多いようです。しかし、ここでは小学生でも安全に行える負荷の軽いやりかたを紹介しましょう。この方法は体の密着がないため男女混成のトレーニングでも取り入れやすいはずです。

①肩幅より少し広めに脚を開いて立ち、両腕を胸の前でクロスさせる（131ページ①参照）
②パートナーは両肩に手を置く
③呼吸を整えて腰を後ろに引きつつひざを曲げ、股関節がひざの少し下の高さにくるとこ

フルスクワットのペアトレーニング

① 肩幅より少し広めに脚を開いて立ち、
両腕を胸の前でクロスさせる（131 ページ①参照）

② パートナーは両肩に手を置く

③ 呼吸を整えて
腰を後ろに引きつつひざを曲げ、
股関節がひざの少し下の高さに
くるところまで腰を落とす。
このときパートナーは
負荷をかけないこと

ひざを曲げるとき
肩に置いた手には
圧をかけない

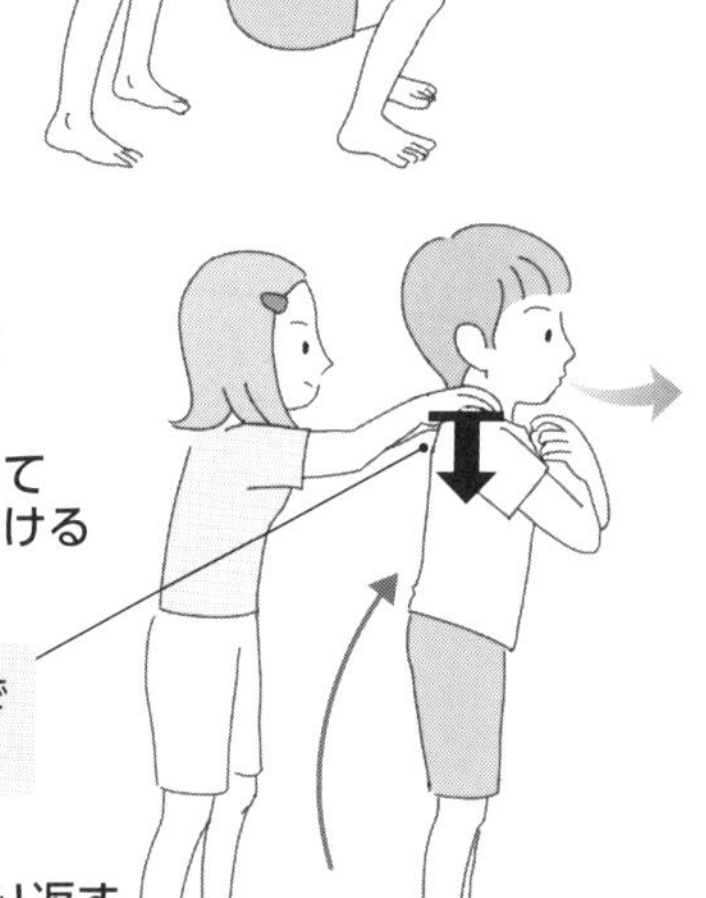

④ 息を吐きながらひざを伸ばして
もとの姿勢に戻る。
このときパートナーは負荷として
肩に置いた手で下方向に圧をかける

ひざを伸ばすとき肩に置いた手で
下方向への圧をかける

⑤ 10～15 回を目安に③～④を繰り返す

⑥ 1 日 3 ～ 5 セットを目安にこれを行う

慣れてきたら圧をかけるタイミングを逆にしたパターンも併せて行う。
その場合、ひざを曲げるときに圧をかけ、ひざを伸ばすときに圧を抜く形となる。
両方をそれぞれトレーニングすることで、より高い効果が得られる

ろまで腰を落とす。このときパートナーは負荷をかけないこと

④ 息を吐きながらひざを伸ばしてもとの姿勢に戻る。このときパートナーは負荷として肩に置いた手で下方向に圧をかける

⑤ 10~15回を目安に③~④を繰り返す

⑥ 1日3~5セットを目安にこれを行う

バックステップランジのペアトレーニング

ランジのペアトレーニングは、バックステップランジに対してパートナーが負荷をかける形となります。

① 足を揃えて立ち、手は胸の前で組む

② パートナーは両肩に手を置く

③ 呼吸を整えて片足を大きく後ろに踏み出し、前の脚も後ろの脚も、ともにひざを90度に曲げる。このときパートナーは肩に置いた手で下方向に圧をかける

④ 1秒ほど間を置き、息を吐きながらひざを伸ばした状態に戻る

バックステップランジのペアトレーニング

① 足を揃えて立ち、
手は胸の前で組む

② パートナーは両肩に手を置く

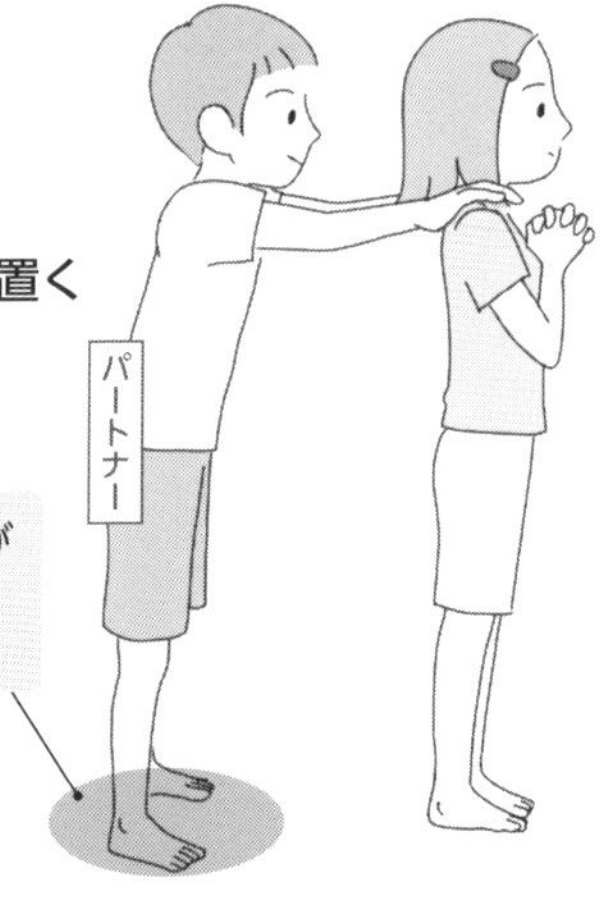

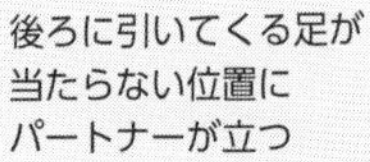

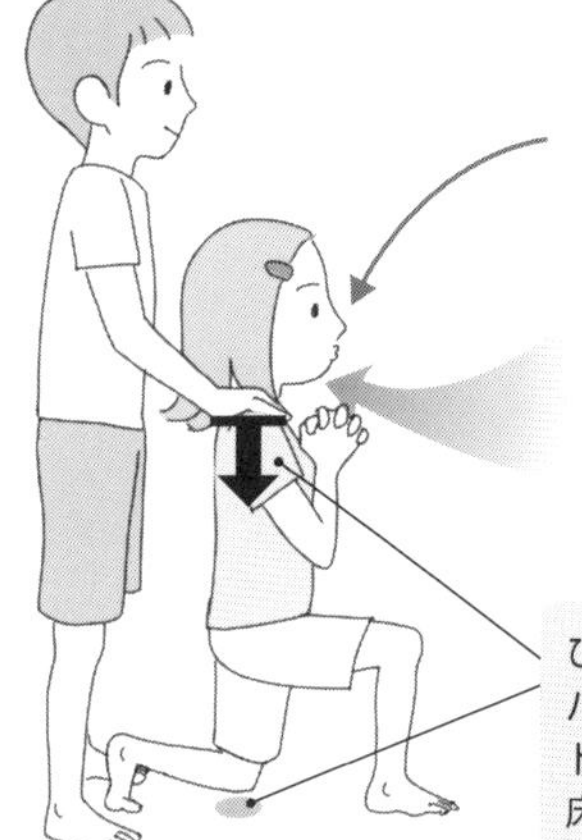

③ 呼吸を整えて片足を大きく後ろに
踏み出し、前の脚も後ろの脚も、
ともにひざを 90 度に曲げる。
このときパートナーは
肩に置いた手で下方向に圧をかける

ひざを曲げるときに
パートナーは下方向へ負荷をかけ、
トレーニングする側は
床にひざがつかないよう抵抗する

④ 1 秒ほど間を置き、息を吐きながらひざを伸ばした状態に戻る

⑤ 10〜15 回を目安に③〜④を繰り返す

⑥ 左右の脚を替えて同じ動きを行う

⑦ 1 日 3 〜 5 セットを目安にこれを行う

⑤ 10〜15回を目安に③〜④を繰り返す
⑥ 左右の脚を替えて同じ動きを行う
⑦ 1日3〜5セットを目安にこれを行う

ローテーションのペアトレーニング

ローテーションのペアトレーニングでは、全体が輪になったゴムチューブを用いて回旋方向の負荷をかけます。

① 右肩にゴムチューブを通した状態で立ち、パートナーは右斜め後下方からゴムチューブを引っ張る
② 上から見て反時計回りに回転して体にゴムチューブを巻きつけていく
③ 1回転したところで止まり頭の後ろで両手を組む
④ ゴムチューブの負荷に抵抗して、息を吐きながら上から見て反時計回りに腰を回旋させる
⑤ いけるところまで回旋させたら1秒ほど間を置き、次に息を吸いながら上から見て時計回りに腰を回旋させる

ローテーションのペアトレーニング

① 右肩にゴムチューブを
通した状態で立ち、
パートナーは右斜め後下方から
ゴムチューブを引っ張る

パートナー

② 上から見て
反時計回りに回転して
体にゴムチューブを
巻きつけていく

ゴムチューブを
引っ張るように
その場で回転する

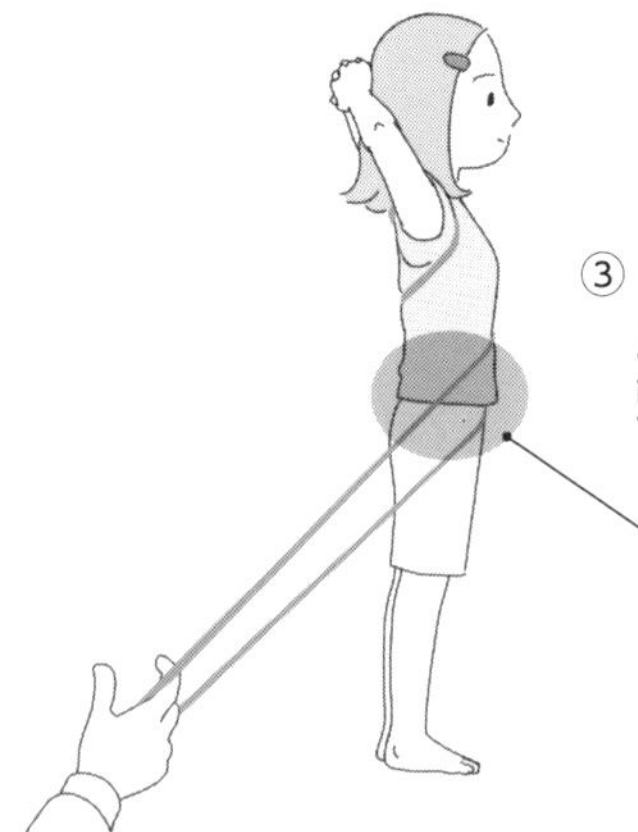

③ 1回転したところで
止まり
頭の後ろで両手を組む

1回転したときに
骨盤の位置に
ゴムチューブが
当たるようにする

④ゴムチューブの負荷に抵抗して、
息を吐きながら
上から見て反時計回りに
腰を回旋させる

⑤いけるところまで回旋させたら
１秒ほど間を置き、
次に息を吸いながら
上から見て時計回りに
腰を回旋させる

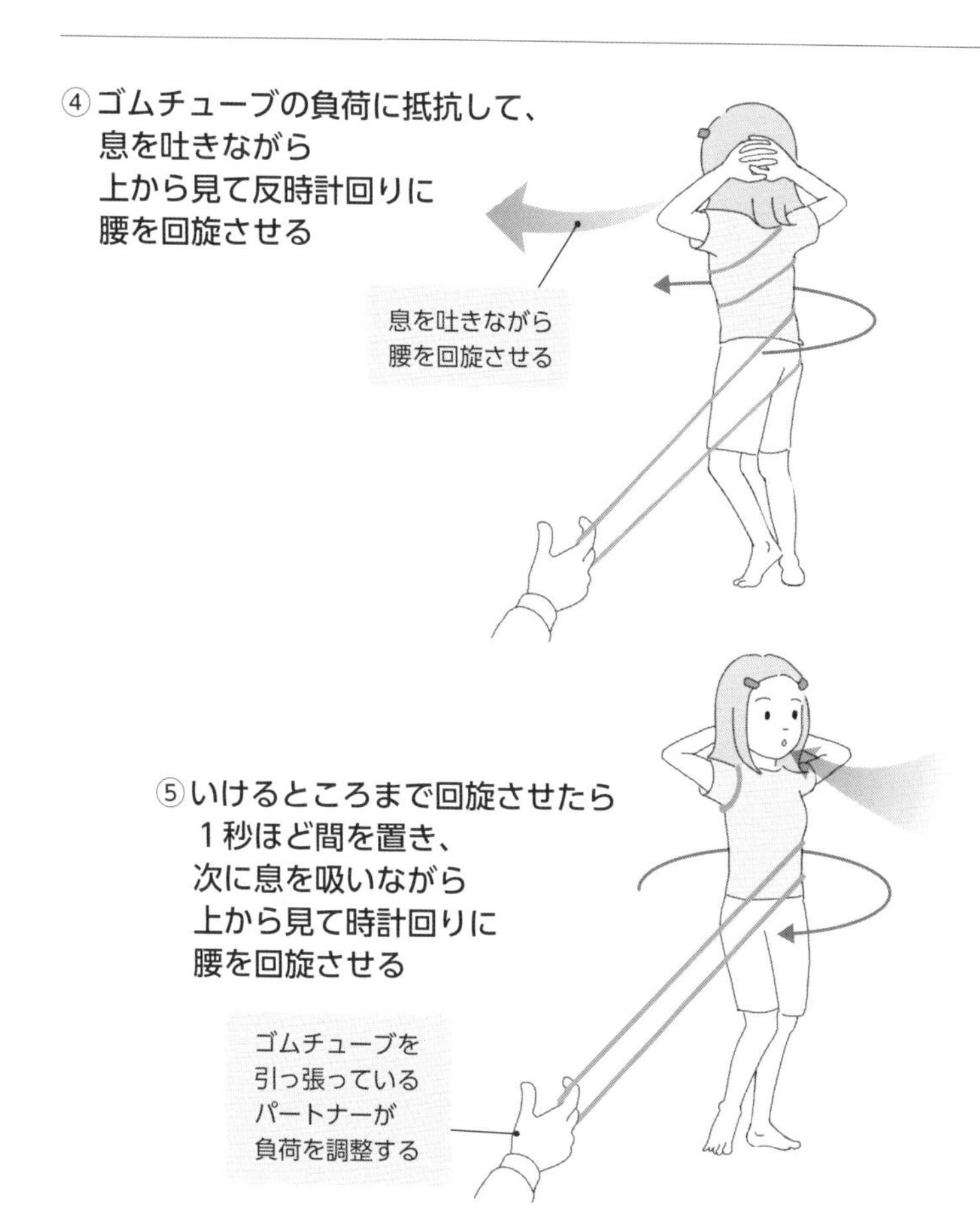

⑥ 10〜15 回を目安に④〜⑤を繰り返す

⑦ 左右を逆にして①〜⑥を行う

⑧ １日３〜５セットを目安にこれを行う

⑥ 10〜15回を目安に④〜⑤を繰り返す
⑦ 左右を逆にして①〜⑥を行う
⑧ 1日3〜5セットを目安にこれを行う

プッシュアップのペアトレーニング

プッシュアップのペアトレーニングではパートナーが後ろから足を持ち上げて負荷をかけます。

① プッシュアップの姿勢をとる。手の幅は通常より狭く肩幅くらい（146ページ②参照）
② 肩幅ほどに開いた脚の間にパートナーが入り足首をつかんで持ち上げる。このとき、頭からかかとまでの一直線の姿勢が保持できているかチェックする
③ ひじを曲げて、顔が床に付きそうなくらいまで体を下ろす。このときも頭頂からかかとまでの一直線を保持すること。1秒ほど間を置いてからひじを伸ばした姿勢に戻る
④ 10〜15回を目安に③を繰り返す
⑤ 1日3〜5セットを目安にこれを行う

プッシュアップのペアトレーニング

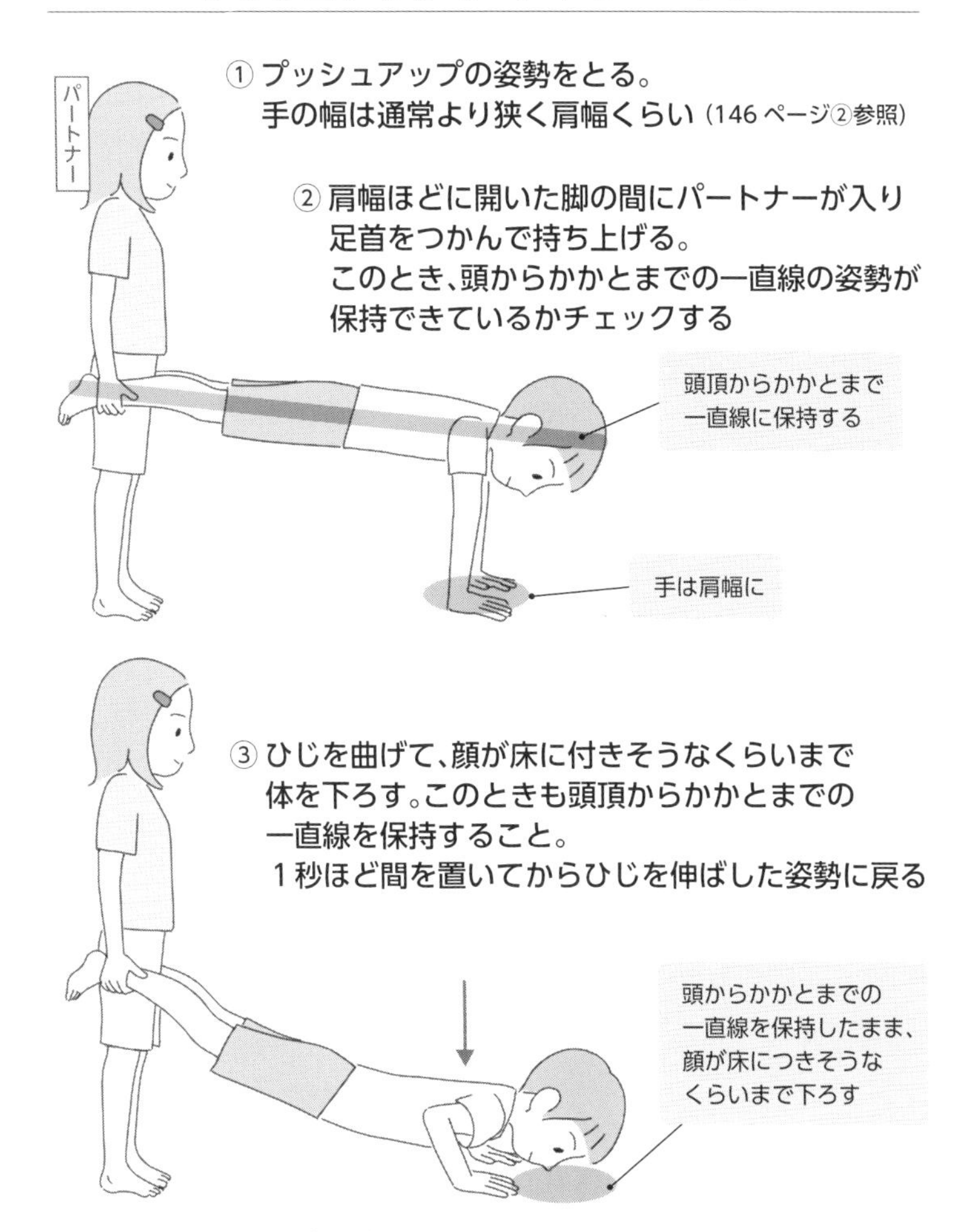

④ 10〜15 回を目安に③を繰り返す

⑤ 1日3〜5セットを目安にこれを行う

ローイングのペアトレーニング(タオル使用)

ペアトレーニングとしてのローイングでは、フェイスタオルを互いに引き合って負荷をかけます。タオルの代わりにゴムチューブを用いてもいいでしょう。

① 2人で向かい合ってヒンジの姿勢（140ページ参照）をとり、互いにタオルの両端をつかむ
② タオルをしっかり張った状態を保ったまま交互に引き合う
③ 10～15回を目安に②を繰り返す
④ 1日3～5セットを目安にこれを行う

ローイングのペアトレーニング（タオル使用）

① 2人で向かい合って
ヒンジの姿勢（140 ページ参照）をとり、
互いにタオルの両端をつかむ

互いにヒンジの姿勢をとり、
これを崩さないようにする

② タオルをしっかり張った状態を保ったまま交互に引き合う

③ 10～15 回を目安に②を繰り返す

④ 1日3～5セットを目安にこれを行う

ローイングのペアトレーニング(パートナーをウェイトに)

タオルがない場合はパートナーをウェイト代わりにしたローイングも可能です。パートナー側は、自身の臀部を意識することで臀筋の強化にもつながる一石二鳥のトレーニングとなります。

① パートナーは仰向けに寝て肩幅くらいに脚を開く
② トレーニングする側はパートナーの脚の間に立って足首を持ち上げ、ヒンジ(140ページ参照)の姿勢をとる。このとき、パートナーは肩からかかとまでが一直線になるよう保持する
③ ヒンジの姿勢を保ったままひじを曲げて、肩甲骨を寄せることを意識しながらパートナーの足首を持ち上げ、1秒ほど間を置いてひじを伸ばす
④ 10〜15回を目安に③を繰り返す
⑤ 1日3〜5セットを目安にこれを行う

ローイングのペアトレーニング(パートナーをウェイトに)

① パートナーは仰向けに寝て
肩幅くらいに脚を開く

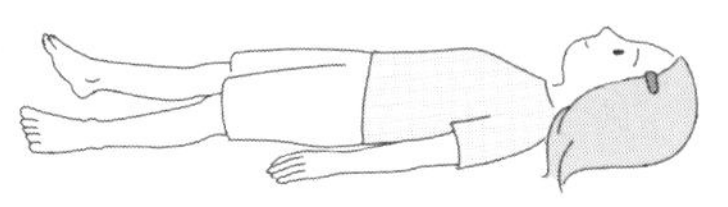

② トレーニングする側は
パートナーの脚の間に立って
足首を持ち上げ、ヒンジの姿勢
(140 ページ参照)をとる。
このとき、パートナーは
肩からかかとまでが
一直線になるよう保持する

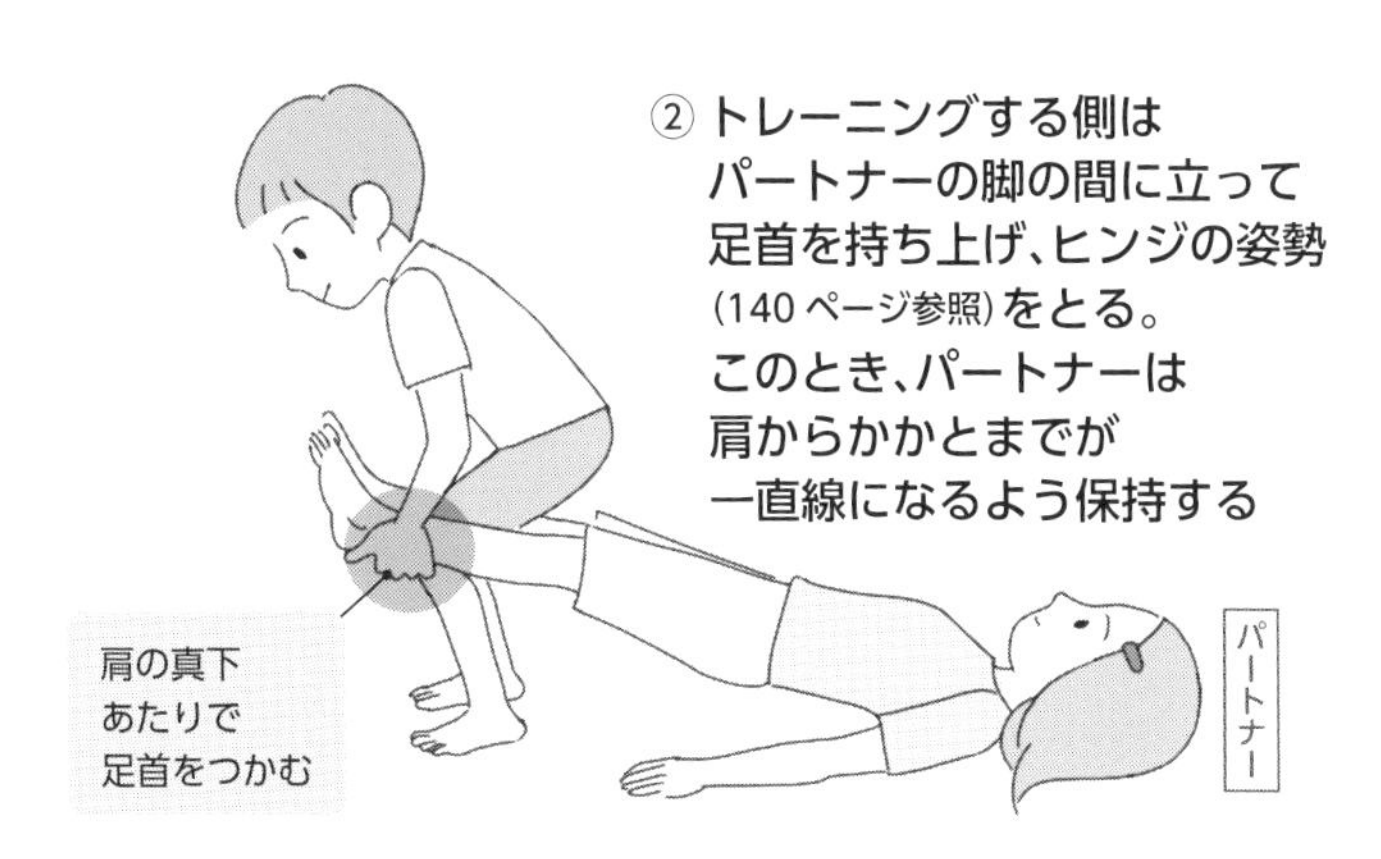

③ ヒンジの姿勢を保ったままひじを曲げて、
肩甲骨を寄せることを意識しながら
パートナーの足首を持ち上げ、
1秒ほど間を置いてひじを伸ばす

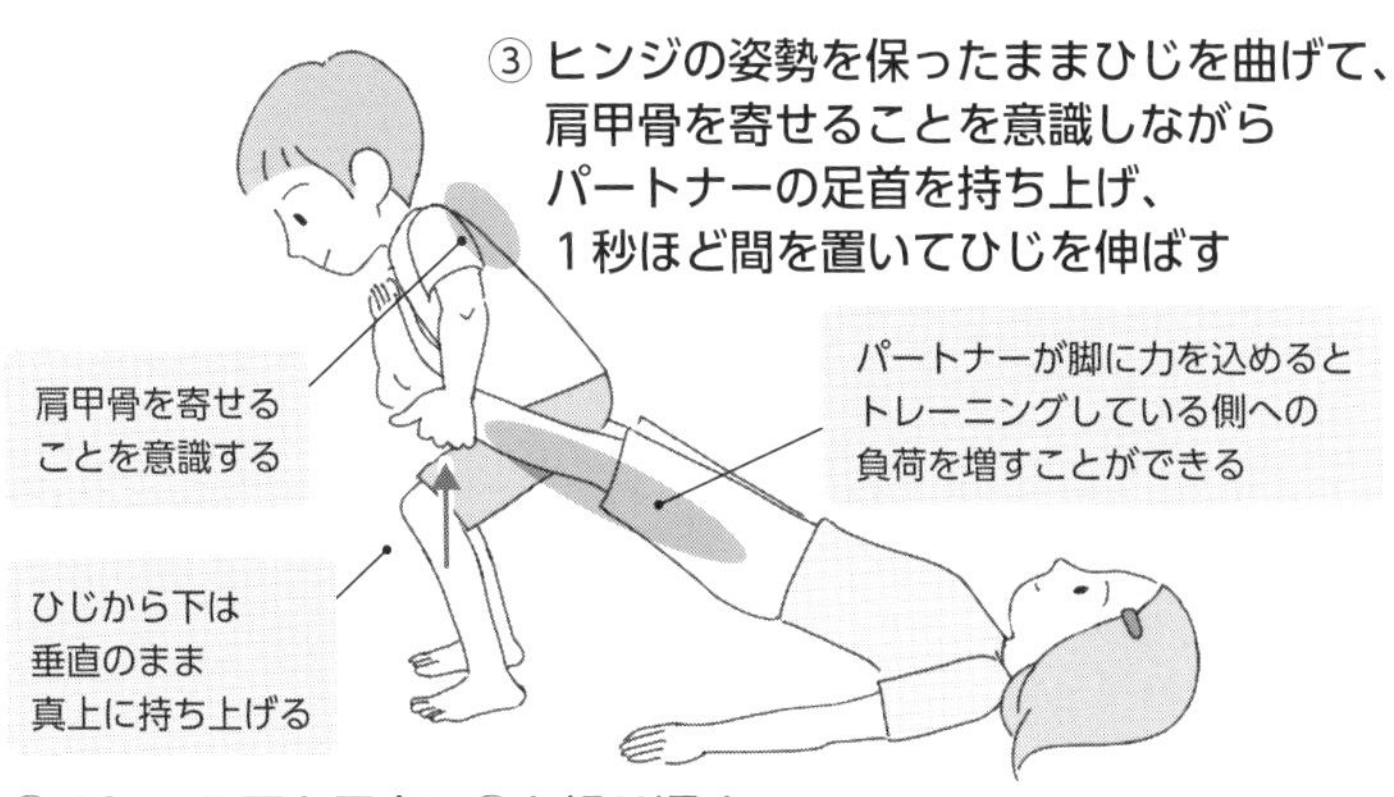

④ 10〜15 回を目安に③を繰り返す

⑤ 1日3〜5セットを目安にこれを行う

ショルダープレスのペアトレーニング

「8つの基本的動き」には含まれませんが、肩や腕をよく使うスポーツを行っている方のために肩のトレーニングとして「ショルダープレス」と「ショルダーレイズ」のペアトレーニングも紹介しておきましょう。これらはいずれも中学生以降に向けたトレーニングとなります。

① 直立して腕を肩幅で真上に上げ、後ろに立ったパートナーが手首をつかむ
② 真横にひじを張りながら、ひじが肩の高さにくるまで腕を下ろしてくる。このときパートナーは負荷として下方向へ圧をかける
③ 息を吐きながら、腕をもとの位置まで上げる。このときパートナーは手から圧を抜く
④ 10～15回を目安に②～③を繰り返す
⑤ 1日3～5セットを目安にこれを行う

ショルダープレスのペアトレーニング

① 直立して腕を肩幅で真上に上げ、
後ろに立ったパートナーが手首をつかむ

② 真横にひじを張りながら、
ひじが肩の高さにくるまで
腕を下ろしてくる。
このときパートナーは
負荷として下方向へ圧をかける

③ 息を吐きながら、腕をもとの位置まで上げる。
このときパートナーは手から圧を抜く

④ 10〜15 回を目安に②〜③を繰り返す

⑤ 1日3〜5セットを目安にこれを行う

ショルダーレイズのペアトレーニング

①直立して肩の高さでひじを横に張る。ひじから先は前方へ出す
②後ろに立ったパートナーがひじに手を置く
③ゆっくりと真下へひじを下ろす。このときパートナーは負荷として下方向へ圧をかける
④息を吐きながら、ひじをもとの位置まで上げる。このときパートナーは手から圧を抜く
⑤10～15回を目安に③～④を繰り返す
⑥1日3～5セットを目安にこれを行う

ショルダーレイズのペアトレーニング

① 直立して肩の高さで
ひじを横に張る。
ひじから先は前方へ出す

ひじを真横に張り
肩の高さまで上げる

② 後ろに立ったパートナーが
ひじに手を置く

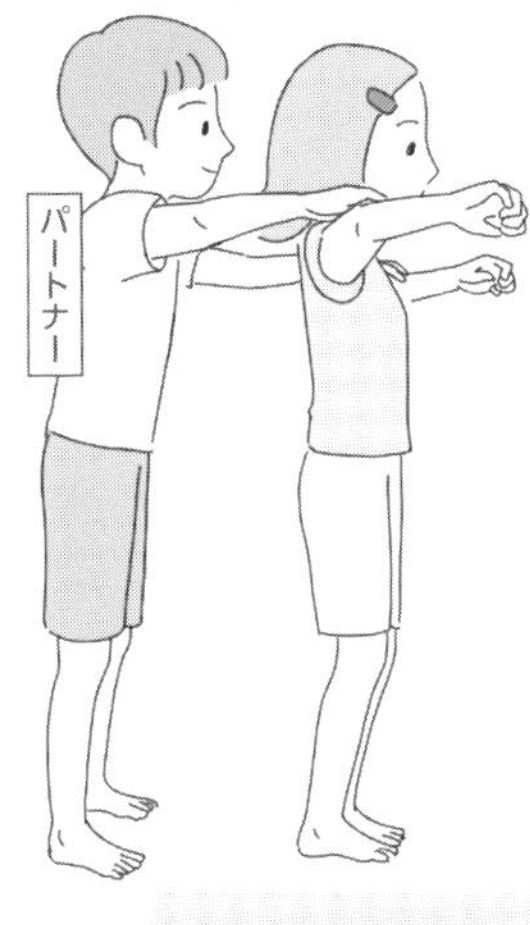

③ ゆっくりと真下へひじを
下ろす。このときパートナーは
負荷として下方向へ圧をかける

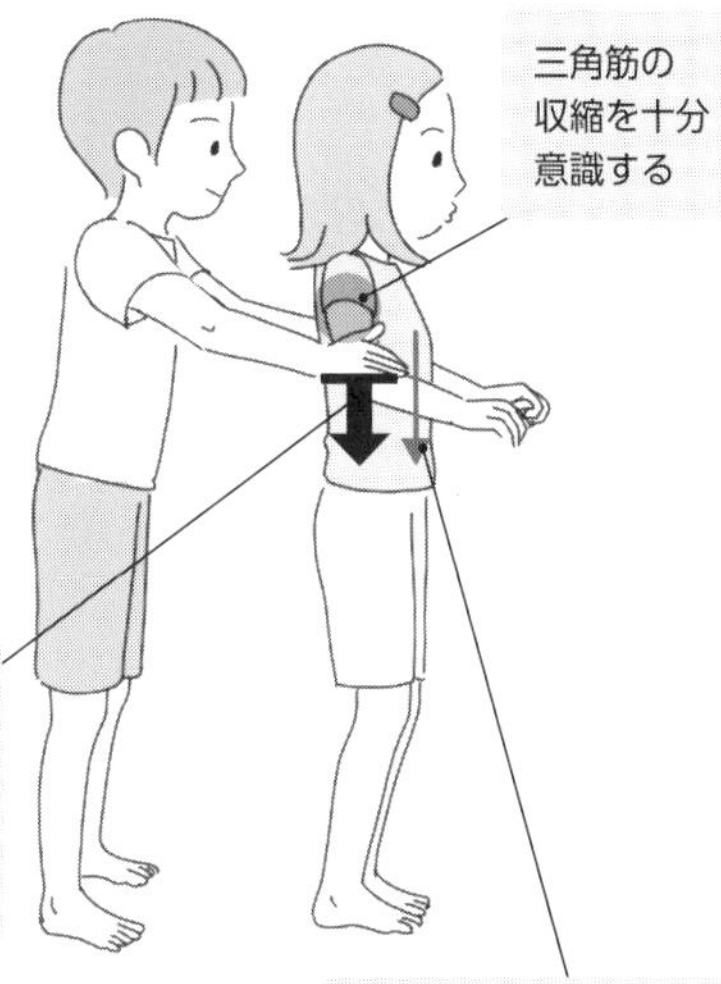

パートナーは下方向への
適度な圧をかけて負荷とする。
トレーニングする側はひじが
ストンと落ちないよう
抵抗しながらゆっくり下ろす

ひじを真下に下ろす。
ひじが斜め前下方へ
行かないよう注意する

④ 息を吐きながら、ひじをもとの
位置まで上げる。このとき
パートナーは手から圧を抜く

⑤ 10〜15 回を目安に③〜④を繰り返す

⑥ 1日3〜5セットを目安にこれを行う

「8つの基本的動き」を指導するときの注意点

本章の最後に「8つの基本的動き」を指導するときに注意すべき点をいくつか挙げておきましょう。

●呼吸について

力むときに無意識に呼吸を止めてしまう方が多いのですが、それでは酸欠ぎみとなりフラついてしまいます。トレーニングでは常に自然な呼吸を続けるよう促してください。

特に、今の子どもたちは呼吸が浅い傾向があるので、呼吸をしながら体を動かす意識付けを早くからしておくことが重要です。指導者は子どもたちがトレーニング中に息を止めていないか注意して見てあげましょう。

基本は鼻から吸って口から吐く呼吸です。特に指定がない場合は、胸部と腹部のどちらに息を入れるかなどを気にする必要はありません。

小・中学生のうちに硬い筋肉を作ってしまうと身長が伸びにくくなる可能性もあります

が、自然な呼吸でリラックスしながら動いていれば柔らかい筋肉として発達していきます。

●筋肉への意識

トレーニング中は動きに関与している筋肉を意識することが大切です。

ただ、小学生の場合、筋肉に意識を向けるように言葉で指示してもなかなかできないので、動いているときの姿勢の崩れを指摘する程度でいいでしょう。それを繰り返すことで、動きに関与する筋肉へ自然に意識が向くようになってきます。

また、何秒（あるいは何回）くらいで姿勢が崩れてくるかをよく観察して、弱いところを見極めたりトレーニングの強度を調整したりします。

●猫背になっていないか？

競技中に猫背姿勢をとるスポーツもありますが、トレーニングにおける猫背はNGです。猫背になると肩甲帯の動きが制限されて動作の効率が低下し、パワーが十分に発揮できません。特に上肢を使うプルやプッシュで猫背になりやすいので、指導者は注意して見ていってください。

なお、トレーニング中の目線については、基本的に顔が向いている正面方向となり、上や下を向き過ぎないようにします。

●「8つの基本的動き」をバランスよく

ファンクショナルトレーニングに精通すると、競技に応じて特定の動きを増やしたりアレンジを加えたりできます。ただ、最初のうちは「8つの基本的動き」をくまなくバランスよく行っていくといいでしょう。

特に、小・中学生は成長期なので、偏ったトレーニングを行うとかえって体の発育がアンバランスになりかねません。

ただ、「8つの基本的動き」をすべて毎回行う必要はなく、トータルでトレーニングの偏りがないようにすれば大丈夫です。

●ファンクショナルトレーニングを行うタイミング

週に3～4回、メインの練習前に行います。自主トレも可能ですが、動きを正しくできるようになるまでは、指導者が見ている前で行ったほうがいいでしょう。

セット数は3〜5回としていますが、トレーニングに費やせる時間はそれぞれの環境で異なるので、そこは指導者の裁量で調整してください。

●回数や強度について

第3章でも触れたように、集団を指導する場合は、運動能力が中くらいか少し低い子に回数を合わせます。「しんどいけどなんとかやれる」くらいの回数がいいでしょう。

その上で運動能力の高い子にはゆっくり動いてもらったり、動きの範囲を狭めて休みを作らなくしたり、あるいはゴムチューブやダンベルで負荷を加えたりします。

動きの範囲を狭めるというのは、スクワットの場合はひざを伸ばして上がりきらないこと、プッシュアップの場合はひじを伸ばして上がりきらないことを指します。こうすると上がりきって一息休めないので運動の強度が一気に増すのです。

全員の運動能力が底上げされてきたら、ペアトレーニングで負荷をかけてもいいでしょう。ゴムチューブを使ったトレーニングは小学生には難易度が高いと思われますが、ペアトレーニングなら楽しく取り組めます。

本章で説明したことはファンクショナルトレーニングの一端でしかありませんが、小・中・高校生のスポーツに取り入れる前提なら必要十分な内容です。

次の第5章では、スポーツ指導において指導者が直面することの多い問題や疑問について、ファンクショナルトレーニングの観点から、また私のトレーナーとしての経験からお答えしていきましょう。

第5章

子どものスポーツ指導者が知っておきたい「10のホント」

子どものスポーツを指導している方の多くは当然その競技に精通しているわけですが、トレーニング法やその背景にある体の仕組みについて詳しいとは限りません。

また、スポーツやトレーニングの理論は日々刷新されていくため、以前の常識が今の非常識ということもありえます。

ここでは、そうした状況のなかで少しでも知識をアップデートしてもらうため、ファンクショナルトレーニングの観点とトレーナーとしての経験から、子どものスポーツ指導で直面することの多い問題や疑問について「10のホント」としてお答えしてみます。

①子どもでも筋肉を鍛えていい

子どもが筋肉を鍛えすぎると身長が伸びなくなってしまう、とよく言われます。しかし、自重トレーニング主体のファンクショナルトレーニングでは、それを心配するほどの筋肉が付くことはありません。

また、今の子どもはタンパク質の摂取が少ないので、その点でも筋肉が付きすぎることは考えにくいでしょう。

成長期の小・中学生に関して言えば、スポーツを行う上で必要最低限の筋肉を付けつつ効率的に動けるようにすることが「8つの基本的動き」の主目的となります。

もちろん、トレーニングを熱心に行った場合、多少は筋肉質な体になるかもしれません。しかし、ファンクショナルトレーニングが正しく行われると柔らかい筋肉として発達していくので、やはり身長の伸びを阻害することはないはずです。

②静的なストレッチはなるべく行わない

どんなスポーツであれ、関節の可動域が大きいと練習やファンクショナルトレーニングで培われたパフォーマンスが発揮されやすく、関節の可動域が小さい場合と比べてケガも少なくなります。そして、そのように関節の可動域を向上させるには、リラックスした連続的な動きによる動的なストレッチが効果的です。

一方、ストレッチには伸ばしきったところで静止してさらにグーッと伸ばす静的なストレッチもありますが、こちらはおすすめできません。

たとえば、肩の静的なストレッチとして、前へ伸ばした腕にもう一方の腕をクロスさせて胸のほうに引き寄せるというものがあります。これは肩の後ろ側を伸ばす動きですが、伸ばしきったところで10秒間静止した場合、肩の前側は10秒間縮んだ状態となります。つまり、伸ばす一方で縮めているわけです。そのため、このストレッチを行うと肩の前側の筋肉に違和感が残ります。

その点、動的なストレッチでは連続的に動きながらほぐしていくので、そうした違和感を残しません。競技によって推奨されるストレッチは異なるので、ここでは具体的な方法には踏み込みませんが、「静的なストレッチではなく動的なストレッチを行ったほうがよい」ということだけは覚えておいてください。

なお、小学生には必要ありませんが、中学生以降なら筋肉を包む筋膜の収縮や癒着へ働きかけるストレッチ用ポール（フォームローラーともいう）によるケアも有益です。これを使って運動後の筋肉をほぐすことで柔らかい筋肉を維持できます。

③関節の可動性は適切な言葉掛けで向上する

可動域に関しては「言葉掛け」も重要で、体を動かしているときに言葉で正しい姿勢に誘導したり、リラックスした呼吸を促したりするだけで可動域が向上することがあります。

また、「できない」という思い込みを取り除くことで可動性が向上するケースも見られます。

最近の子どもは和式トイレを使った経験がほとんどないので「和式トイレに座る感じでしゃがんでみて」と言うと多くの子はできません。ところが不思議なことに「不良の座り方をしてみて」と言うと、できなかったはずの子でもできてしまうのです。

最初にしゃがめないのは、和式トイレになじみがなく自分にはその座り方ができないと思い込んでいるからでしょう。また、他人のトイレ姿を見る機会も普通はないので、その姿勢のイメージ自体があいまいなのです。

一方、本人が不良でなくても、漫画やテレビドラマなどでその座り方を見たことがあれば「不良の座り方」という指示で動きがイメージされ、容易にできてしまうわけです。

このように、適切な言葉掛けで動きをうまくイメージさせられると関節の可動域が向上することがあります。

④体の違和感の多くはメンタル面からくる

経験上、トレーニング中に体の違和感を訴える方の多くは、実際に体の異常があるのではなくメンタル面からきています。多くの場合、その原因は苦手意識です。苦手な練習やトレーニングを避けたいという意識が違和感を生んでいるのです。

苦手意識を持たないよう説得することはできないので、私の場合は練習やトレーニングの強度を抑えたりストレッチ用ポールによる筋肉のケアをアドバイスしたりしています。

練習やトレーニングを休ませてしまうと、本人は苦手なことから離れて気持ちがラクになるかもしれませんが、逃げたことによりかえって苦手意識は強まるでしょう。

ですから、完全に休むのではなく、当人が無理を感じない範囲で練習・トレーニングを継続させ、できることからやってもらいながら苦手意識を少しずつ克服してもらいます。

ただ、メンタル面は関係なしに違和感や不調を覚えているケースも当然あるでしょう。その場合、医療機関で異常が見られたなら医師等の指示に従ってもらいますが、特に異常がないなら、私の場合は整体で体を整えたりテーピングで痛みに対処したりしています。

⑤試合中はアイシングで筋肉を冷やしすぎない

試合などで力を出し切ると筋肉に疲労が溜まります。同じ日に別の試合がある場合は、この疲労を残していると本来のパフォーマンスを発揮できないので、筋肉のコンディションを整える必要がありますが、このときにアイシングゲルなどを用いた通常のアイシングを施してはいけません。それでは筋肉が冷えすぎて収縮してしまい、かえって動きが悪くなります。

そこで、そのような状況で筋肉を冷やすなら、次の試合ですぐ動けるように常温の水で濡らしたタオルを当てる程度にとどめます。ただ、多くの場合はそれもする必要はなく、ストレッチ用ポールで筋膜の収縮や癒着をリリースして血流を改善させ、筋肉をよくほぐしたほうが筋肉疲労の解消にはより効果的です。

一方、痛みがある場合は通常のアイシングで少し冷やしてから、痛みが引いた段階でストレッチ用ポールによる筋膜リリースを行います。時間に余裕があるならアイシングと筋膜リリースを何度か繰り返すといいでしょう。また、ゆっくり休める時間があるなら、足を上にあげた状態で横たわり、疲労物質の乳酸が脚部に溜まりにくいようにするのもおすすめです。

なお、その日はもう試合がないという場合は完全に冷やしてしまってかまいません。その上で筋膜リリースもしっかり行い疲労を取っておきます。

⑥「ケガを転じて福となす」ことはできる

ねんざなどのケガで通常の練習やトレーニングができない状況になっても、まだやれることはたくさんあります。

たとえば、足首のねんざであれば上半身のトレーニングはもちろん、イスに座って足首やふくらはぎに負担をかけないようにした上で脚部のトレーニングも可能です。通常のトレーニングができない分、高校生であればウェイトを用いて積極的に筋肉量アップを図ってもいいでしょう。

また、ラグビーのように体の大きさが重要なスポーツでは「ケガを転じて福となす」こともできます。

ケガが治るまでの間、受傷部位に負担をかけない形で動きのトレーニングを行っていきますが、運動量は普段よりも少ないので、いつもどおり食べていれば体を大きくするのは容易です。事実、それまでできなかった念願の体格アップをケガの療養中に成功させた選手がいます。彼の場合、「ケガを転じて体格アップとなす」という結果になったわけです。

とは言え、ケガをした当人はそこまで前向きな気持ちにはなかなかなれないので、指導者側が「みんなはやっていない君だけの個人メニューを組んだ。練習を休んでいる間にケガをする前以上に鍛え上げよう」といったテンションの上がる言葉を掛けてあげて、本人のやる気を支えていく必要があります。

⑦走り込みは競技に合わせて行う

走り込みは心肺持久力を向上させるトレーニングであり、体力を付けるものと考えればいいでしょう。

基本的には、どんな競技であれ一試合を通して練習と同じレベルのパフォーマンスを維持できる体力を目標とします。１日に何試合もするのなら、その日の最後までパフォーマンスを落とさない体力が目標です。

ただし、走り込みにも適切なやりかたがあり、たとえば、とことん追い込んでいくような長時間の走り込みは非効率的と言えます。

有酸素運動によって心肺持久力を効果的に高めるには、たとえばラグビーでは「ラン3分間→インターバル（歩行）1分間→ラン3分間……」という形でのインターバル走が効果的です。なぜ3分間かと言うと、3分間連続で走ることがラグビーの試合のリズムに合っているからです。

一方、野球ではベースランニングとしての走り込みが効果的です。これは言うまでもなく、野球ではベース間を走る機会が多いからです。

これらを「競技の違いに応じて機能的に最適化された有酸素運動」と考えてもいいでしょう。競技ごとのリズムや走る距離に応じた走り込みにより、練習とファンクショナルトレーニングで培ったベストなパフォーマンスを試合終了まで維持できる体力が身に付きます。

⑧食トレは1日何回にも分けて食べる

体を大きくするための「食トレ」では昼に2キロのごはんを、1日で計4キロのごはんを食べるそうです。読谷高校ラグビー部でも2キロのごはんの弁当を食べていましたが、完食までにずいぶん時間がかかっていたようです。

そうした「食トレ」は経験にもとづいたものなのでしょうが、人体の機能から考えると1回に消化・吸収できる量には限度があるので、たとえば計4キロなら1日6回くらいに分けて摂ったほうが体は確実に大きくなるはずです。

そして、炭水化物だけでなくタンパク質もしっかり摂るべきです。食事で摂れたらいいのですが各家庭の事情もあってなかなか難しいので、プロテインで補いつつBCAAなどの必須アミノ酸も合わせて摂取するようにすすめています。

なお、水分補給については常温の水を、小・中学生でも1日に1～1・5リットル以上は意識して摂りたいところです。これはプロテインの水分も含んだ量です。基本は常温の水ですが真夏は冷たくしてもいいでしょう。

水分を摂るタイミングは、いつでもよく摂りたいときに摂りたいだけ飲みます。ただ、汗をかいた分だけ塩分を補う必要があるので、特に夏場は塩分を一緒に摂取するなど工夫します。スポーツドリンクに関しては糖分が多いので試合中に限ったほうがいいでしょう。

⑨集団の指導で大切なのは「一体感」

集団を指導する上で大切なのは、トレーニングの強度を各自の運動能力に応じて設定し、その一方で回数を揃えて一体感を持たせることです。これは第3章や第4章でも説明しました。

私が指導するときは、これからやる動きをまずやって見せて、そのときに良くない例も示して注意を促します。ただし、その際に「良くない例」「悪い例」といった言い方はしません。従来のやりかたを頭ごなしに否定せず、「(これまでのやりかたも)間違いではないけど、こうやるともっと効果が出る」といった表現を心掛けています。

そのデモンストレーションの後にみんなで動きますが、このとき動きに合わせて「いーち、にー、さーん」と所定の回数までカウントして一体感を高めていきます。このとき姿勢の崩れについてなるべく目を配り、合間に声を掛けるようにしています。

こうしたやりかたにより、パーソナルトレーニングのように一人ひとりに付き添うことはできなくても、それにかなり近いトレーニング効果をあげることが可能です。

なお、冬の季節にはファンクショナルトレーニングがウォーミングアップも兼ねるので、それぞれの動きの回数を増やし、またインターバルを入れず連続して動くようにしています。それによって、いい感じで体が温まり、その後の練習でも体がよく動きます。

⑩日常生活も動きのトレーニングの場になる

機能的な動きという観点で言うと、日常生活もまたファンクショナルトレーニングの場となりえます。

たとえば、床に落ちた物を拾うときや重い物を床から持ち上げるときに、腰だけ曲げると腰痛のリスクが高くなり、ひざを曲げて腰を落とすとそうしたリスクはほとんどありません。それは後者の動きがより機能的だからです。

子どもたちは体が柔軟なので、腰を曲げて床の物を拾っても腰痛のリスクはまずないでしょう。しかし、そうした機能的でない動きの癖が付いてしまうと、スポーツのなかで機能的な動きがとっさに出にくくなります。

その逆に、スクワットの要領で、腰をしっかり落としてから物を拾ったり持ち上げたりする癖を日常生活のなかで付けておくと、脚部のパワーが必要なときにそれが発揮されやすくなります。

同様の理由で、歩くときはひざから下だけをちょこちょこ動かすのではなく、ランジでやるように股関節から動いて足をしっかり前へ踏み出します。この癖を付けておくとスポーツでダイナミックなランが容易となります。

平らなところで転んでしまうような子どもは、そうした歩き方ができていないので、特に意識的に取り組んでみるといいでしょう。

それから、後ろを振り向くときは首だけでなく腰から振り向く。これはローテーションの動きであり、腰のひねりが重要なスポーツのパフォーマンスに直結します。

このように、体を動かすときは全身を連動させて大きく動かす癖を日頃から付けておくことです。そうすればそれ自体がファンクショナルトレーニングとして働いてくれます。

なお、日常生活ということで言うと睡眠も重要です。疲れが取れやすいよう入浴でしっかり体を温めて8～10時間は睡眠をとること。寝ている間に成長ホルモンが分泌されて身長などの発育を促すので、体を大きくしたいならしっかり食べてしっかり寝ることが大切です。

詳細に踏み込んでいくとまだまだ書くべきことはありますが、ひとまずここまでお伝えしてきたことを踏まえて、日常の指導に「8つの基本的動き」を取り入れてみてください。競技の種類を問わず、チームおよび個人のパフォーマンスは確実に向上するはずです。

おわりに

ファンクショナルトレーニングに限らず、どんなトレーニングでも姿勢と意識の使い方が間違っていると十分な効果が得られません。

そこで、「8つの基本的動き」の中にすでに知っている動きがあっても、これまでの知識はいったん脇に置き、書かれているとおりの姿勢と意識の使い方で実践してみてください。指導者の方であればまずは自分でやってみて、どこにどう効くか、動きがどう変わるかを実感してから子どもたちに指導するといいでしょう。

この「8つの基本的動き」を半年間継続してもらえればパフォーマンスは確実に向上し、試合でも成果を確認できます。それは私がお約束します。

本書は全国のスポーツ指導者、特に小・中・高校生を対象に指導している方を対象として書かれていますが、プロのトレーナーやスポーツに取り組んでいる方自身が読んでも役に立つよう内容を工夫したつもりです。

また、個人的な思いとして、本書には私が住んでいる沖縄県を元気にしたいという希望も込めました。沖縄というと〝健康長寿県〟というイメージが今でも根強くありますが、現在は歩行量が少なくて肥満が多い県となってしまっています。それを再び〝健康長寿県〟に戻すために、本書の内容が少しでも役に立てたならそれに勝る喜びはありません。

本書の出版にあたっては、現代書林の方々からファンクショナルトレーニングの重要性への理解と、多大なるご尽力をいただきました。また、私が指導・経営する24時間ジム「シーサーフィット365」のスタッフや家族の協力も執筆の大きな支えとなってくれました。

最後に、そのみなさんへの感謝の意を表して筆を擱きたいと思います。

比嘉　進

子どもの(こ)スポーツパフォーマンスを高める(たか)
トレーニングの基本(きほん)

2021年11月16日　初版第1刷

著　者 ―――――― 比嘉(ひが)　進(すすむ)
発行者 ―――――― 松島一樹
発行所 ―――――― 現代書林
〒162-0053　東京都新宿区原町3-61　桂ビル
TEL／代表　03(3205)8384
振替00140-7-42905
http://www.gendaishorin.co.jp/
ブックデザイン ―― 吉崎広明(ベルソグラフィック)
イラスト ―――― 村野千草
カバー使用画像 ―― Sergey Novikov／shutterstock

印刷・製本：広研印刷(株)
乱丁・落丁本はお取り替えいたします。
定価はカバーに表示してあります。

ISBN978-4-7745-1925-8 C0075